U0926246

战略思维

盖茨、格鲁夫和乔布斯的5条长赢法则

[美]大卫 · B.尤费　迈克尔 · A.库苏马罗　著
王海若　译

STRATEGY RULES

Five Timeless Lessons from Bill Gates, Andy Grove, and Steve Jobs

中信出版集团 · 北京

图书在版编目（CIP）数据

战略思维 /（美）大卫 · B. 尤费，（美）迈克尔 · A. 库苏马罗著；王海若译 . -- 北京：中信出版社，2018.9（2021.2 重印）

书名原文：Strategy Rules: Five Timeless Lessons from Bill Gates, Andy Grove, and Steve Jobs

ISBN 978-7-5086-8779-7

I. ①战… II. ①大… ②迈… ③王… III. ①企业战略－战略管理 IV. ① F272.1

中国版本图书馆 CIP 数据核字（2018）第 053966 号

战略思维

著　　者：[美] 大卫 · B. 尤费　[美] 迈克尔 · A. 库苏马罗
译　　者：王海若
出版发行：中信出版集团股份有限公司
（北京市朝阳区惠新东街甲 4 号富盛大厦 2 座　邮编　100029）
承 印 者：北京画中画印刷有限公司

开　　本：880mm×1230mm　1/32　　印　　张：8.5　　字　　数：200 千字
版　　次：2018 年 9 月第 1 版　　印　　次：2021 年 2 月第 4 次印刷
京权图字：01-2015-7851
书　　号：ISBN 978-7-5086-8779-7
定　　价：58.00 元

谨以此书献给安迪·格鲁夫，他是我的导师、批评者、朋友以及领导，他鼓励我永远不要放弃，永远要更加努力。

——大卫·B. 尤费

谨以此书献给晓华（音同）和比科，是他们一直让我专注于未来。

——迈克尔·A. 库苏马罗

目　录

序　言

我们在哈佛大学和麻省理工学院讲授战略课程已经有近 30 年时间了。在过去的 30 年里，战略这一领域在提供严谨的分析性框架方面取得了巨大的进步。而这通常根植于微观经济学、社会学与博弈论等学科和理论。我们在为学生提供众多工具时，却很少讨论伟大的战略家如何进行思考、学习并将他们的想法付诸行动。在理解真正的伟大的战略家方面，存在一个深坑。学界经常研究企业及其领导者，却很少深入研究这些领导者、定义他们的职业生涯和他们所建立的组织的决策。

开始这个项目的时候，我们做了几个重要的假设。第一个假设是，经理人和企业家可以从比尔 · 盖茨、安迪 · 格鲁夫和史蒂夫 · 乔布斯那里学到很多东西，尽管他们各自具有独特且非同一般的个性。毫无疑问，在我们的头脑中，就个人能力或者成就而言，这三个独立的个体并不是我们所谓的典型的首席执行官或者企业家。但至少可以这样说，他们是业界的巨人。同时，我们得出结论，他们所采用的方法能够帮助经理人和企业家更加系统地进行战略思考并执行战略，因为他们在处理关键问题时所采用的方法相似。

第二个假设是，尽管这三个研究对象都来自高科技界，但是他们的经验能够帮助我们洞察到许多不同类型的企业中战略与执行的角色与重要性。我们之所以花费了职业生涯中的很多时间研究高科技企业，其中一个原因就是改变发生的速度之快，使得我们必须重视在正确的时间形成正确的策略，并且专注于执行的细节。另外，快速发展的技术已经嵌入现今的日常业务。社交媒体、云计算、移动设备，甚至可穿戴技术的快速发展会在未来的几十年影响多数企业。理解战略如何在高科技世界发展已经成为日常业务的一部分。

第三个假设是，战略与执行是紧密相连的。我们在授课时，学生们经常问："到底哪个更重要，战略还是执行？"在短暂停顿后，我们通常会用另外一个问题来回答："你更想要哪个呢？很好的战略，但执行很糟糕，还是糟糕的战略，但执行很完美？"当然，回答是两个都不要。一个绝佳的战略如果执行不了就没有任何价值，一个绝好的执行若将你引入错误的方向，一样没有价值。高明的首席执行官必须让组织走在正确的道路上，然后领导组织交付结果。正如比尔·盖茨曾经说过："不管你的信息有多灵通，糟糕的战略肯定会失败，蹩脚的执行会妨碍好的战略。如果做了足够多糟糕的事情，你会破产的。"[1]

最后，我们相信伟大的战略家不是天生的。多数成功的管理者会在过程中学习如何进行战略思考以及如何在战略与组织层面有效地执行。我们在本书的结论部分将再次谈到这个主题。同时，我们会告诉读者，比尔·盖茨、安迪·格鲁夫和史蒂夫·乔布斯并非天生就是伟大的战略家：乔布斯第一次入主苹果时，差点儿让公司破产；格鲁夫第一本关于企业运营的出版物《格鲁夫给经理人的第一课》(*High Output Management*)，其精髓是指导别人如何成为以运营为导向的中层管理者；盖茨从哈佛退学时掌握的有关管理与商业战略的知识极为有限。他们的学习能力——对于战略、执行以及新领域的业务的学习——使得他们长期以来成为高效的领导者。如果其他高管与企业家能够在这方面用心，也能学到这些技能。

本书的研究始于20世纪80年代中期。那时我们开始研究软件、电脑和半导体行业。本书中对于三家企业的访谈可以追溯至1987年。总体来说，我们参考了在不同年份做过的大约100次访谈，以及我们与其他人撰写的书籍、文章和案例。大约一年时间里，每个月见几次面，比较我们对三名研究对象的观点，在开始写作之前规划本书的结构。现在的5条战略法则框架与我们认为的三位首席执行官共有的一些技能，产生于我们最初开始讨论的那几天，这强化了我们认为盖茨、格鲁夫和乔布斯在应对战略挑战方面具有共同特点的信念。

在过去的20年我们已经感谢了许多帮助我们进行研究的人，我们要在此感谢2013年秋季拨冗分享观点，帮助我们进行最新研究的高管们。首先，我们想要感谢安迪·格鲁夫。在2013年9月至 2014 年 7 月期间，安迪与我们数次见面。他阅读了部分手稿并给出评论，还回复了无数封电子邮件。除了格鲁夫，我们在 2013 年秋季也联系了比尔·盖茨，他抱歉地表示无法参与。

我们的访谈策略是和曾经与盖茨、格鲁夫及乔布斯一起密切工作，而后不在这些企业工作的前高管谈话，但是其中有两个例外。我们不想将任何人置于尴尬的境地。一个例外是詹睿妮，她曾经担任格鲁夫的技术助理 5 年时间，与我们会谈的时候她是英特尔新任总裁。还有乔尔·波多尔尼，是苹果公司人力资源部的负责人，曾经与戴维在哈佛商学院共事，之后去了耶鲁，然后又来到苹果。2013 年秋季除了与格鲁夫、詹睿妮和波多尔尼会面以外，我们还进行了其他 12 次采访。我们想要感谢弗雷德·安德森、丹尼斯·卡特、汤姆·邓拉普、卡尔·埃弗里特、帕特·基尔辛格、弗兰克·吉尔、罗恩·约翰逊、保罗·马里兹、乔恩·鲁宾斯坦、拉斯·西格尔曼、艾维·特凡尼安，以及魏德生。

我们也从手稿的众多读者以及在我们的研讨会上给予书面反馈的人那里获益良多。其中包括我们的代理人詹姆斯·莱文，出版商霍利斯·海姆布什，还有胡安·阿尔卡塞尔、德博拉·安可纳、安克·查维达、斯科特·库克、唐娜·杜宾斯基、凯西·艾森哈特、安德烈亚·葛尔蒂、梅尔·霍里奇、里德·亨特、詹睿妮、卡罗尔·考夫曼、卡里姆·拉卡尼、段明德、桑吉伍·米尔查达尼、蒂姆·奥特、乔尔·波多尔尼、亚力克·拉姆齐、史蒂芬·辛诺夫斯基、布拉德·史密斯、迈克尔·斯科特–莫顿、本·斯利夫卡、理查德·泰德洛以及埃里克·范登斯坦。

我们同样感谢在斯坦福工程学院管理科学与工程系开展的研讨会、伦敦商学院研讨会、帝国理工学院商学院研讨会、牛津大学赛德商学院研讨会、哈佛商学院战略会议和哈佛商学院战略研讨会，以及麻省理工学院斯隆商学院开展的有关技术创新、企业家精神和战略研讨会的参与者。

有几个人是不可或缺的：埃里克·鲍德温是戴维的研究助理，他挖掘了研究的方方面面，搜集新的例子、洞察、参考与观点，为本书的每一章都提供了帮助。我们深深地感谢我们的编辑郭玛丽，她在本书的可读性上起到了关键的作用。戴维的助理凯西金·加斯特福森在本书写作过程中的每个阶段都给予了大力的支持。

当然，我们两人各自的妻子，特里·尤费和杨晓华（音同），阅读了本书的多份草稿，给了我们最多的批评，她们是我们最好的向导，也是我们最重要的啦啦队长。

前　言

战略家的养成

1998 年 3 月上旬，比尔 · 盖茨、安迪 · 格鲁夫、史蒂夫 · 乔布斯，也就是微软、英特尔和苹果的首席执行官，在《时代周刊》75 周年的庆祝会上合影。这情景空前绝后。我们看到的这张照片是这三个人都在执掌各自企业时唯一的一张合影。最为惊人的是他们的燕尾服！这一夜，乔布斯脱掉了他的黑色高领毛衣和牛仔裤，格鲁夫脱掉了他的皮夹克，盖茨没穿他常穿的毛衣和休闲裤。

这张照片里，站在中间的格鲁夫笑得很灿烂。仅仅几周之前，《时代周刊》将他评选为“年度人物”（Man of the Year），相当于为他辉煌的事业加冕。当时，英特尔正享受着历史上最好的业绩，主导着微处理器行业，在半导体收入与利润方面全球领先。在事业巅峰期，格鲁夫宣布从首席执行官的岗位上退休，晋升为董事长，在这个职位上他一直做到 2005 年。

右边的盖茨谨慎地笑着。作为微软的领导者，他扫除了前进道路上的所有障碍，其中包括英特尔突袭软件领域、苹果挑战台式电脑，以及最近网景公司经营互联网业务，把微软赶下世界最强软件公司的宝座。但是盖茨的成功遭到了不友好的关注。仅两个月之后，美国司法部以及 20 个州和哥伦比亚特区，对微软提起了一系列的法律诉讼，控告微软利用其市场地位非法阻碍市场竞争。2000 年，盖茨从任期长达 25 年的首席执行官的岗位上退下来，作为公司董事长一直工作到 2014 年，之后卸任，成为新的首席执行官萨提亚·纳德拉的顾问。

左边的乔布斯展示了其招牌性的坏笑。和往常一样，他看起来像是唯一一个知道秘密的人。8 个月之前，他作为临时首席执行官回到苹果，拒绝固定的头衔，直到他完全确定苹果会生存下来。他比从前更加务实，可以与盖茨和格鲁夫这两位老对手和平相处。但是在掌控产品设计和用户体验方面，他和以前一样狂热。这次聚会后的两个月，乔布斯向世界推出了橡皮糖形状的、糖果色的 iMac 机，这使得公司状况开始反转。之后他又推出了 iPod 和 iTunes，然后是 iPhone 和 iPad。这些产品奠定了苹果的市场地位，助其成为全球最有价值的企业。

掌握战略法则

我们只能推测盖茨、格鲁夫和乔布斯在拍这张照片的时候各自在想什么。但是说到在他们的职业生涯中，将他们带到这个时刻的最重要的想法和行动是什么，我们不需要猜测，我们知道那是什么。很幸运，25 年来我们能对这三位领导者和他们的企业进行研究，并且与他们共事。自 1989 年以来，大卫·尤费一直是英特尔董事会的成员。尤费当了 11 年的首席执行官，7 年董事长，在此期间他一直与格鲁夫紧密合作。他还在不同场合采访过盖茨、乔布斯和其他业界领导者，这是他在哈佛商学院从事高科技战略研究的一项内容。在同一时期，迈克尔·库苏马罗则投身于微软的战略与运营之中。他是麻省理工学院斯隆商学院的权威专家，写了很多业内文章，曾对盖茨和格鲁夫，以及微软、英特尔和苹果的许多管理人员和工程师进行深度访谈。1998 年，他撰写了一本畅销书《网络时代的竞争》（*Competing on Internet Time*），内容是关于微软与网景公司之间史诗般的战斗。这三位领导者做出的决定将微软、英特尔和苹果推到了如此的高度（偶尔也会有低潮），我们可以告诉你他们在做决定时都在想些什么。

同样重要的是，我们曾经贴身观察盖茨、格鲁夫和乔布斯。这使得我们能够找出他们在战略、执行与企业家精神方面的共同点，而这些往往被他们不同的个性与风格所掩盖。当然，分析这三家企业的案例研究、文章和书籍从不缺乏。这三位首席执行官都有各类传记，从 650 页的大部头到幼儿绘本一应俱全。不可避免的是，每一个故事的独特性都得到渲染——格鲁夫从匈牙利和学术训练中逃脱出来；盖茨家境殷实，很早就沉浸于软件设计之中；乔布斯童年生活晦暗，之后迷恋于优雅的设计。但是，在这些不同的背后，是企业领导力的共同框架。

对于这三个男人来说，战略与执行的共同要素并不是一次或者同时显现出来的。这是贯穿他们整个职业生涯，通过大量试错的方法得出的。我们发现了描述整个框架的5条法则，也是本书的核心：

1. 向前看，向回推理。
2. 下大赌注，但是不要赌上公司。
3. 打造平台和生态系统，而不仅仅是产品。
4. 利用杠杆和权力——玩柔道和相扑。
5. 在个人抓手的基础上塑造组织。

盖茨、格鲁夫和乔布斯将这些法则运用到他们的企业中，并且获得了我们见到过的最好的结果。财务绩效只是他们复杂故事的一小部分，却是他们成功故事的明显指标。比如，请看他们的营业利润（见表1）。从1975年到2000年，比尔·盖茨是微软的首席执行官。在这段时间里，公司年利润从近乎为零增长到了110亿美元。安迪·格鲁夫1987年成为英特尔的首席执行官。之前一年，英特尔亏损了1.35亿美元。1997年，也就是格鲁夫在这个职位上的最后一个整年，英特尔赢利近100亿美元。史蒂夫·乔布斯1997年回归苹果时，公司只有近4亿美元左右的盈利，到2011年他因病辞职时，苹果赢利近340亿美元。

市场份额也能反映类似的情况。格鲁夫任职期间，英特尔微处理器的份额从不到40%增长到80%以上。[1] 在盖茨的领导下，微软至少获得 PC（个人电脑）操作系统份额的 95%。乔布斯第二次执掌苹果末期，苹果获得了智能手机 20% 的市场份额，MP3 播放器 60% 的市场份额，平板电脑 70% 的市场份额。[2] 另外，让乔布斯感到骄傲的是，在 1000 美元以上的个人电脑销售份额中，苹果占了 90%。[3]

或许最为显著的是，在乔布斯辞职时，苹果是全球市值最高的企业。盖茨辞去首席执行官一职时，微软也是类似的情况。英特尔仅落后一步，在格鲁夫任职董事长的 27 个月后，英特尔获得了市值全球第一的位置。

表 1　利润与最高市值

	首席执行官任职开始时的利润	首席执行官任职结束时的利润	最高市值	2014 年末大概市值
盖茨（25 年）（微软）		110 亿美元	6120 亿美元（1999 年 12 月 27 日）	4100 亿美元
格鲁夫（11 年）（英特尔）	亏损 1.35 亿美元	100 亿美元	5010 亿美元（2000 年 8 月 31 日）	1650 亿美元
乔布斯（14 年）（苹果）	4.03 亿美元	340 亿美元	6680 亿美元（2014 年 11 月 14 日）	6680 亿美元

盖茨、格鲁夫和乔布斯在 PC、互联网与广泛采用的移动设备出现后，探索了与其相关的活动，这是他们成功的部分原因。毫无疑问，他们在正确的时间出现在了正确的地点。然而，很多企业非常有实力，掌门人既有才华又勤奋，却在同一时间、同一个

市场中失败或落后了。在剧震改变了周围的环境后，盖茨、格鲁夫和乔布斯仍然能够获得并保持在业界的主导地位，因此脱颖而出。在这个过程中，他们一直在影响着他们的企业、行业与他们所处的时代。

自盖茨、格鲁夫和乔布斯卸任首席执行官以来，微软、英特尔和苹果都在业务上面临重大的挑战。即便如此，这三家企业的财务状况也比多数人预想的要好。在格鲁夫卸任后的 16 年里，英特尔的销售额增长了一倍多，从 250 亿美元增长到 530 亿美元。盖茨辞职后的 13 年里，微软的收入增长了至少两倍，从 230 亿美元增长到 790 亿美元。苹果的年销售量也在乔布斯离开后的两年中增长了 60%，从 1080 亿美元增长到 1710 亿美元。这三家企业的营业收入也令人羡慕——2013 年，英特尔有 123 亿美元，微软 276 亿美元，苹果 485 亿美元。

这些引人瞩目的数字表明，好的战略定位，结合突破性产品或者主导性的产业平台，能够长时间产生巨大的经济效益。但是最近几年，微软、英特尔甚至苹果的财务状况、市值与公众认可度都达不到它们早先建立的高标准。我们再也看不到它们的增长率两倍或三倍于行业平均，也没有真正革命性的产品出现。这不是特别让人惊讶的事。盖茨、格鲁夫和乔布斯的继任者们在某种程度上是前任成功的牺牲品。他们没有在快速成长的企业中迅速崛起，而是继承了巨大的、成熟的“庞然大物”，面临着市场的被破坏，来自四面八方的竞争对手也虎视眈眈。这三家企业都受到了新技术与新的商业模式的挑战，这些挑战包括软件即服务、云计算、“免费的”广告赞助软件和服务、社交媒体，以及相对便宜的智能手机和平板电脑的爆炸式增长。

虽然盖茨、格鲁夫和乔布斯建立了强有力的、可持续的企业与文化，但这三位首席执行官的继任者却要承担企业绩效的最终责任。微软的继任首席执行官史蒂夫·鲍尔默，以及英特尔的继任首席执行官克瑞格·贝瑞特和保罗·奥特里尼是精干的企业大管家。对于盖茨和格鲁夫来说，清晰的战略和严格的执行成了他们的第二天性，而这三位继任者却无此天性。对于苹果来说，没有乔布斯掌舵，公司将不清楚何去何从。代替像他这样的领导者或许是一个不可能完成的任务。从 2011 年起，在乔布斯离开后的三年里，苹果并没有推出能与 iPod、iPhone 和 iPad 相媲美的重大突破性产品。iWatch 可能是个例外，但是后面会讨论，有理由怀疑其长期影响如何。总体来说，苹果、英特尔和微软依然是强大而重要的企业。我们希望三家企业现任的首席执行官能够在未来将企业带上新高度。他们共同面对的战略问题是，引领高科技世界的不再只有微软、英特尔与苹果。

如今，聚光灯已经转向新一代的企业与企业家：谷歌的拉里·佩奇（和格鲁夫一样，受过良好的科学与工程专业教育），脸谱网的马克·扎克伯格（一个“黑客”，和盖茨一样从哈佛大学退学），亚马逊的杰夫·贝佐斯（一个强迫症式的用户导向型另类，和乔布斯一样），以及腾讯的马化腾（中国最大的互联网企业之一的创始人）。本书后面会讨论，这些首席执行官们都在沿着盖茨、格鲁夫和乔布斯的足迹前进。我们可以看到他们使用相似的战略原则，比如佩奇对于云有先见之明；扎克伯格大胆地创立了脸谱网平台；贝佐斯充满热情地创建平台，创造无与伦比的用户体验；马化腾努力“拥抱并拓展”最优的互联网信息与网络技术。

这一代高科技企业家在盖茨、格鲁夫和乔布斯所建立的基础上工作，一点儿也不稀奇。和他们著名的前辈一样，他们在快节奏的、有指数增长潜力的、变化常常不可预测的“平台”行业工作。但是除了技术行业以外，我们相信许多其他行业的领导者也会通过研究这三位首席执行官而获益。计算机软件、半导体、消费电子和数字媒体等充满活力的行业是商业世界的果蝇。[4] 因为改变很迅速、生命周期很短，我们有许多机会来观察为什么有些企业能够成功，而其他企业会失败或者受挫。通过了解微软、英特尔、苹果以及其他高科技企业的发展管理，其他行业的高管和企业家可以知道如何更好地对其市场中的变化进行管理。

“学习”这个词在这里至关重要。在观察了盖茨、格鲁夫和乔布斯 20 年后，我们很清楚地知道精通战略并不是一项与生俱来的技能。许多伟大的首席执行官通过“学习”成了更好的战略思想家和组织领导。比如，格鲁夫在事业的早期相信，应该由“战壕”里的经理，也就是距离客户最近的人来决定企业的战略。之后他意识到，制定战略需要结合自上而下和自下而上的方法。盖茨被互联网的崛起弄了个措手不及，在浏览器之战中差点儿输给了网景。在被几个缺乏经验的年轻员工捅了篓子之后，他很快地适应，让公司躲过了潜在的灾难。乔布斯初次在苹果工作时，几乎令公司破产，他明白了仅仅设计好的产品是不够的。最终，乔布斯意识到苹果必须形成范围更广的业界合作，要与竞争对手合作，尤其是与比尔·盖茨和微软，只有这样公司才能生存下去，并且最终获得蓬勃发展。

可以确定的是，高科技市场有其独有的特点。这是盖茨、格鲁夫和乔布斯要学习的内容中很大的一部分。技术驱动型企业通常围绕的是产业范围内的“平台”，而不是单独的产品。像Windows PC或者iPhone这样的平台属于基础产品或技术，其成败取决于它们吸引了多少用户，以及有多少第三方企业建立了“互补性的”产品和服务。用户与互补企业的增多能够生成强大的反馈环路，即“网络效应”，或者叫“网络外部性”。随着更多消费者与互补企业使用平台，网络效应能使价值产生指数级增长。另外，由于平台市场能够迅速地向单个大赢家“透露消息”，即使是最具主导性的企业也面临现状遭持续破坏的风险。这样的生态需要高科技企业管理者在对未来几乎完全不确定的情况下迅速地做出复杂的决定。如果他们做了正确的决定，可能意味着巨大的回报；如果错了，后果是毁灭性的。

几乎没有人能够想得到（除了史蒂夫·乔布斯），一款叫作iPhone的新型手机能在几年间把行业巨头（诺基亚和黑莓）变成无关痛痒的企业；或者西雅图的小型初创公司（微软）会把它最大的客户，也是当时最有价值的企业（IBM）放倒；或者一家近乎破产的小型半导体存储器生产企业（英特尔），最初还需要IBM的救助，后来打败了日本人、韩国人和欧洲人，在10年之内成为一项关键新技术——微处理器的世界领袖。

盖茨、格鲁夫和乔布斯是最早知道如何在平台市场上竞争的首席执行官和企业家。他们热衷于学习战略、组织和历史，他们致力于学习新技术、新商业模式以及新的产业。他们有共同的信念，既反思成功，也反思失败。投身学习是他们能够长期成为高效领导者的一个重要原因。

三位首席执行官

在开始写这本书的时候，我们把它看成是与盖茨、格鲁夫和乔布斯的一场关于他们如何成为战略大师的对话。我们分析出他们共同遵守的法则，通过剖析与审视那些法则，我们学到了很多。在这样的过程中，我们发现他们的个人经历和兴趣对于塑造战略、建设组织以及培养企业家精神起到了重要作用。因此，开启本书的一个好办法就是简要回顾他们的背景以及他们所运营的企业。让我们从三位中最年长的人开始。

安迪·格鲁夫和英特尔

安迪·格鲁夫 1936 年出生于匈牙利。他是纳粹大屠杀的幸存儿童，在“冷战”的铁幕背后长大，后来他移民美国。他边工作边学习，在纽约城市大学获得化学工程学位，之后继续深造，在加州大学伯克利分校同一领域获得博士学位。1963 年在美国飞兆公司开始他的事业，1968 年离开该公司并协助建立英特尔——那个时候盖茨和乔布斯还是少年，刚刚开始用电脑。

英特尔最初主要为大型电脑设计和制造存储芯片。由于英特尔存储器业务很强大，公司于 1971 年上市。同年发明了一个新产品——微处理器，这个产品使英特尔成为全球超级企业。微处理器也叫中央处理器（CPU），用于为计算机系统或者数字手表等可编程电子设备执行计算任务。1980 年，英特尔得到了与 IBM 的合约，为后者来年问世的第一台 PC 提供微处理器。在 80 年代初期，PC 市场兴起，英特尔的 x86 系列微处理器成为 PC 行业的标准。

当时，英特尔仍然认为自己主要是一个生产存储器的企业。但是，到了 1985 年，日本生产商迅速发展，同时市场增速放缓，存储器成了亏损产品。获得 IBM 的注资得以生存之后，首席执行官戈登 · 摩尔和首席运营官安迪 · 格鲁夫做出了放弃生产最大的存储器板块（DRAM，随机动态存储器）的艰难决定，转而集中于微处理器。格鲁夫于 1987 年成为英特尔首席执行官，这时，他完全退出了随机动态存储器的生产，并完成了英特尔向世界领先的 PC 微处理器提供商的角色的转变。到了 1992 年，英特尔已经成为全球最大的半导体企业。6 年之后，格鲁夫卸任首席执行官，英特尔的芯片支持了 80% 的 PC。英特尔在数据中心方面也成了全球的火车头，最终为全球大约 90% 的服务器提供 CPU。与此同时，Intel Inside（内置英特尔处理器）成了一个家喻户晓的名字。英特尔之前是一个业界人士熟知的零部件生产商，之后变身为有着世界上最有价值的品牌的技术领军企业。[5]

比尔·盖茨和微软

格鲁夫出生后的20年，1955年，比尔·盖茨出生。他人生的初期与格鲁夫完全不同。他在西雅图长大，父亲是有着广泛社会关系的律师，母亲是声誉卓越的公民志愿者，家境优越。在60年代后期盖茨上中学的时候，他接触了电脑，并且立刻对编程着了迷。他在高中时编写了一个软件程序，管理人员用这个程序来安排学生日程。他甚至还和比自己大一点的同学保罗·艾伦建立了一家小企业，以记录交通数据。盖茨于1973年考上哈佛大学，但是两年之后，他退学了，在1975年与艾伦创立了微软。

微软成立初期规模很小。盖茨和艾伦最初改编BASIC编程语言用于Altair 8800，这是为发烧友设计的便宜的微型计算机工具箱，在英特尔早期的CPU上运行。盖茨和艾伦在1980年迎来巨大转机，当时IBM要迅速地将其第一台PC推向市场，他们找到盖茨，让他提供操作系统——这是一款除了必要的计算功能以外，与微处理器配合，处理日常事务的软件。微软当时没有合适的操作系统，它从当地的一家企业购买了一个，更名为DOS，并以非独家许可的方式授权IBM使用。[6] IBM PC被广泛使用时，微软将DOS销售给IBM的竞争对手，由此微软获得了行业主导地位。DOS成了PC行业的软件平台，直到微软1990年开始大批量销售Windows为止。

同时，微软建立了行业领先的应用业务，最初是1982年发布了Excel的早期版本，之后很快又发布了Word。1990年，发布了微软 Office 办公套件。1985 年，语言、操作系统和应用将微软的年度收入推上 1 亿美元，这帮助微软在 1986 年上市。[7] 到了 1987 年，微软超过了对手莲花（电子制表软件 1-2-3 的生产商），成为全球最大的 PC 软件产品企业，收入大约是 3.5 亿美元。[8] 三年之后，销售额超过了 10 亿美元。

20 世纪 90 年代出现的互联网削弱了 PC 的重要性，而 PC 业务是微软业务的基石。盖茨的应对方式是将资源投在网络浏览器的开发上，并且在几乎所有微软的产品上都加上了互联网的功能。这个策略奏效了：微软成功地击退了来自网景和其他互联网企业的挑战，保持了在软件产品行业的顶尖位置。

2000 年，盖茨卸任首席执行官，将权力转移给他的好朋友和同事史蒂夫·鲍尔默。2006 年之前，盖茨一直是微软的首席软件架构师，2008 年之前一直是全职员工，之后他开始将多数时间花在比尔和梅琳达·盖茨基金会上。[9]

史蒂夫·乔布斯和苹果

跟比尔·盖茨一样，史蒂夫·乔布斯出生于 1955 年，成长在 PC 革命刚刚开始的岁月里。他出生的时候，父母还是威斯康星大学的学生，他一出生即被工薪家庭收养。在小乔布斯 5 岁的时候，他们从旧金山搬到了硅谷。乔布斯的父亲是名木匠和机械师，出于这个原因，他较早就接触到了设计和电子。一名在惠普公司工作的邻居点燃了乔布斯对于电路的迷恋，他鼓励乔布斯摆弄自行安装的电子工具，并且告诉乔布斯有一个惠普赞助的项目，让惠普的工程师与当地的学生一周见一次面。[10] 斯坦福或者伯克利这样的学校理应是乔布斯的下一站。但是，他选择了里德学院，这是俄勒冈州以反主流文化而闻名的一所文理学院。乔布斯 1972 年开始在里德学院学习，但是 6 个月之后辍学。接下来几年他旁听课程，与朋友闲逛，最后去了印度旅行。他一回到硅谷，就开始与史蒂夫 · 沃兹尼亚克合作项目。史蒂夫 · 沃兹尼亚克是乔布斯在高中时遇到的工程怪才。1976 年，他们创立了苹果电脑公司。

公司的第一个产品称为苹果一代（Apple I），在木头箱子里面有一个电路板。这是乔布斯、沃兹尼亚克和一个朋友在乔布斯家的车库里组装起来的。一年之后有了苹果二代（Apple II），这是一个组装完全的电脑和键盘，装在时髦的塑料盒子里面。苹果二代成了商业上最早成功的 PC 之一，帮助开创了这个新的行业。它的成功也使得苹果在 1980 年底上市。

IBM 在 1981 年出售其 PC 时，苹果遇到了巨大的新对手。IBM PC 使用 DOS，在英特尔微处理器上运行，很快成为主导的电脑平台，在市场份额上超过了苹果二代。为了改变这个局面，苹果在 1984 年推出麦金塔电脑。尽管 Mac 机从未真正挑战 IBM PC 和兼容机（叫作“克隆”）的市场份额，它却代表了业界决定性的转折点。Mac 机整合了图形用户界面（GUI），使用起来比 IBM PC 要更加容易。微软之后将这项创新用于 Windows，将 PC 的潜在市场大大扩展到发烧友和极客（geeks）之外。

Mac 机是革命性的产品，但是起初作为行业平台发展缓慢。乔布斯没能为应用开发者培养一个庞大的生态系统，Mac 机的价格对于大众市场也显得过高。乔布斯从百事可乐挖来了首席执行官约翰·斯卡利，而Mac机销售的问题导致他与约翰·斯卡利之间发生了权力斗争。1985年5月，乔布斯被撤掉了麦金塔电脑事业部负责人的职位，几个月后，他作为董事长卸任。他卖掉了手上所有苹果的股票，转而创立了NeXT公司，这是一家高端电脑工作站企业。1986年，他接手了动画电影工作室皮克斯（Pixar）。

接下来的10年里，在没有史蒂夫·乔布斯的情况下，苹果赢得了忠实的跟随者，在桌面出版与教育等利基市场占有主导地位。但是苹果在PC市场丢掉了很大的份额，90年代中期更是面临巨大的亏损。

推出一系列消费电子设备的努力失败了，麦金塔电脑软件与硬件平台的核心也开始失去竞争力。转向的策略之一就是苹果收购了NeXT，使用其软件技术作为下一代麦金塔电脑操作系统的基础。由于NeXT被收购，乔布斯在1997年回到苹果，先是作为顾问，最后成了首席执行官。

乔布斯很快将苹果的重点再次放到少数几个产品上，目标是把每一个都变成世界级的产品。他先是重新设计了麦金塔电脑，更名为iMac，1998年开始销售。三年之后，苹果发布了其突破性的数字音乐播放器iPod，这成了那个时代最有决定性意义的产品。iPod很快占了公司收入的一半。有了这个新的产品，并且得到iTunes网上音乐商店的支持，苹果的产品范围从电脑扩展到了消费电子。认识到这样的转变，2007年乔布斯把公司名字中的“电脑”去掉，变成苹果公司。

同年，苹果发布了iPhone，这成为全球最畅销的智能手机，并且也是在苹果的专属应用商店中销售“应用软件”的新平台。[11] 2010年，继推出iPhone之后，苹果又推出了iPad，这是一款使用iPhone操作系统和应用的便携式平板电脑，用户可以看视频，播放音乐，阅读邮件，写邮件，浏览网络。iPad立刻成为轰动一时的产品，上市第一个月就达到了100万台的销量，在前9个月卖出了1500万台。[12] 基于这些新的行业平台，到2011年秋季乔布斯因病辞职时，苹果获得了有史以来所有企业中最多的资本。

殊途同归

作为个体来讲，盖茨、格鲁夫和乔布斯完全不一样。格鲁夫是一位训练有素的工程师，有博士学位，是问题的最终解决者。在英特尔，尽管他没有受过管理方面的培训，但他最初的职位却是运营总监。在早期，他的工作涵盖审阅工程图纸和人员配备、建立英特尔的信箱，以及订购办公家具等方方面面。[13] 这些经历将格鲁夫变成了劲头十足的学习管理的学生，这为他首席执行官的风格打上了深刻的烙印。比如，格鲁夫坚持一切事务采用正式制度，从员工评估、离职面谈到长期战略规划。

和格鲁夫有一代之隔的乔布斯，浸淫于60年代后期的反主流文化的环境，并且有意挑战现状。有时有人会说他“有点儿疯狂”，他的行为经常表现得离经叛道。乔布斯经常光着脚、没刮胡子就去开会了（让他的同事和朋友感到不快的是，有的时候甚至都没有洗脸)。他会把自己的奔驰车牌取下来，把车停在苹果停车场的残疾人停车位上。(与此形成对比的是，在英特尔，格鲁夫能找到哪个停车位就停在哪里，和其他员工一样。)尽管乔布斯的个人生活看起来很随意，一旦说到设计，他就成了一个完美主义者，沉迷于优雅和简约。“如果某些地方不对劲儿，你不能无视它，说之后你会解决好，”他坚称，“其他公司就是这么做的。”[14]

乔布斯说这个话的时候，他可能想到了微软。[15]相比于乔布斯，比尔·盖茨有着骄人的技术能力。上大学的时候，盖茨提出了一个算法，不仅解决了一个存在已久的棘手的组合问题，并且在30多年来一直是该问题最高效的解决方案。别人在技术上遇到障碍时，他经常鄙视别人，说：“我能在一个周末里把这个代码写出来。”[16]但是追求完美并不是盖茨的目标。他务实，致力于创造产品和“够好”的、能够主导大众市场的行业平台。[17]乔布斯认为自己是一个艺术家和工匠，盖茨则认为自己是软件“黑客”和程序员，为能把产品迅速投入市场并且逐步地改善这些产品感到骄傲。

尽管他们的背景和个性迥异，盖茨、格鲁夫和乔布斯还是有几个共同的关键特质。最重要的是，这三个人都有巨大的野心，有宏大的梦想——不是为他们自己，而是为他们的企业、行业和全世界。他们下定决心要产生影响。比如，盖茨还记得1975年他和保罗·艾伦创立微软的时候：“我们说要让每个办公桌和每个家庭都有一台电脑。”[18]他们想的并不是随便什么电脑，而是运行微软软件的电脑。对于乔布斯而言，用他自己的话来说，他真心相信苹果创造的产品能够“在宇宙中引起关注”。[19] 他的目标不是制造出人们会买的产品，而是要改变几百万人的日常生活方式。如果没有微处理器，所有这些创新都是不可能的，而微处理器是英特尔发明的。格鲁夫公开表明他的目标就是重塑世界的电脑行业，将英特尔置于行业中心。

另外，盖茨、格鲁夫和乔布斯都有极度狂热的个人工作热情，他们将其灌输到了各自的企业文化中。1981 年，为了应对芯片行业的低迷，格鲁夫实施了所谓的“125% 解决方案”，要求英特尔的受薪员工每天加班 2 小时，而且没有加班费。[20] 乔布斯给产品团队施压，让他们一周工作 90 个小时，并且要努力达到多数团队成员从未想到过的成就。盖茨在一天中任何时候都有可能发来让人揪心的电子邮件，周末还会在微软办公楼的走廊里游荡，看看都有谁在办公室。连盖茨都看到了他与乔布斯的相似之处。说到二人的相似性，盖茨评论道：“（乔布斯和我）都是精力超级旺盛，工作超级努力。”[21]

这三个人也都很推崇格鲁夫的“热烈的智慧辩论”，而且辩论常常会升级为争吵。[22] 他们三位都对自己的能力极度自信，没有人考虑其他管理人员或者员工的感受。盖茨毙掉一个他觉得不好的点子时，通常会说“这是我听过的最愚蠢的点子”。麦金塔电脑初创团队里的一个成员回忆乔布斯“有确切知道你弱点在哪里的可怕能力，知道什么会让你感到渺小，让你畏缩”。[23] 格鲁夫稍微客气点儿，但是毁灭程度丝毫不逊。我们不建议其他首席执行官和领导者模仿他们这样有进攻性的行为，但是应该拥有言语攻击背后的热情。盖茨、格鲁夫和乔布斯都是“真理追求者”（truth-seeker），英特尔有一名员工就这样称呼安迪·格鲁夫。[24]而且他们尊重那些有智慧、知识和勇气证明他们做错了的同事。比如，1995年乔布斯告诉一位采访者：“我不在乎要做对，我在乎成功。”[25]苹果的麦金塔电脑团队认识到乔布斯威胁员工的能力，他们甚至为勇敢面对乔布斯的人设立了年度奖。

最后，这三位首席执行官的偏执程度还算可控，至少对于他们的企业来说是这样的。格鲁夫甚至将他1996年出版的书命名为《只有偏执狂才能生存》（*Only the Paranoid Survive*）。盖茨和乔布斯很容易给书取类似的名字。他们都明白，要想在一个快速发展的行业中取得成功，需要时刻保持警觉。他们总是看到竞争对手在发展，或者新进入者不知从哪里冒出来——他们曾经就是如此。1997年，刚刚在浏览器大战中取得对网景的胜利后，盖茨写道：“我今天把我们自己看作处在下风，正如我在过去的20年每天都把我们看作处在下风一样。如果我们不保持这个视角的话，某个竞争对手就会吃掉我们的午餐……有一天有人会逮住我们在打盹。有一天某个急不可耐的新锐公司会让微软破产。我只是希望这是50年以后的事，而不是2年或者5年之后。”[26]如果将“微软”替换为“英特尔”或者“苹果”，格鲁夫或者乔布斯也可能说出完全一样的话。

本书导读

基于我们对盖茨、格鲁夫和乔布斯长时间的研究，我们深深地尊敬与钦佩这三位领导者，但不是戴着玫瑰色的眼镜去看他们。他们三位也不是一贯正确的。说到战略与执行，这三位都犯过错误。这三位都曾支持过失败的、上市迟了的或者性能不好的产品，偶尔也会在抓住市场机遇方面慢半拍，虽然企业的资源给了他们追赶上的能力。他们也都曾领导自己的企业触犯法律。微软、英特尔和苹果都与美国司法部或者联邦贸易委员会签署同意判决书，并且在全世界面临反垄断调查。

尽管如此，我们相信盖茨、格鲁夫和乔布斯是高科技世界有史以来最为成功的三位首席执行官与战略家。他们是战略大师，也是组织中能力奇高的领导。他们为企业制定长期和短期的目标，将组织的定位设定在成功上，领导团队以野蛮的效率贯彻战略，并且长期主导竞争格局。他们的成功（或者失败）都是过去，而他们提供的经验教训是跨越时间的。本书中我们用 5 条法则描述他们制定的战略与执行的方式，以此帮助其他企业的领导者在未来的工作中更自信。

前三章探讨了是哪些基本的法则帮助盖茨、格鲁夫和乔布斯实现了他们最大的成功。第一章是关于向前看，并向回推理到你今天必须采取的行动。在他们担任首席执行官的前 5 年中，盖茨和格鲁夫发展出对于世界与众不同的观点；对于史蒂夫·乔布斯来说，这个强大的愿景直到他第二次入主苹果时才出现。还有同样重要的一点，也是在实践中较少见到的一点，就是这三位能够发现——并且很详细地知道——他们需要立即做什么才能够把愿景变为现实。他们预测客户的需求，限制竞争对手的选择，将行业动态向着有利于他们的方向扭转，以此将他们的想法变成策略与行动。

第二章是关于采取大胆而非鲁莽的行动，不要将公司置于不必要的风险中。受到网络效应驱动的高科技市场可能呈指数级增长。常常一眨眼的工夫，成就了大赢家，也毁掉了大输家。盖茨、格鲁夫和乔布斯都曾经下过巨大的战略赌注，也犯过错误。但是他们很少下有过大的风险或者不可逆的赌注。他们通过计算时间、分散赌注和将其多样化而成功降低了风险。

第三章是关于建立平台和生态系统这一相对较新的战略，而非使用独立的产品和企业。技术密集型产业往往有独特的特点，需要管理者的视野能够延伸到最佳产品以外以及自己公司范围以外。我们从盖茨、格鲁夫和乔布斯那里学到了如何平衡与权衡创造好的产品与建立行业平台之间的关系。好的产品可以体现其自身价值，而行业平台需要来自其他企业的互补性创新，以在市场中获得成功。

四、五两章分析与展示了盖茨、格鲁夫和乔布斯在战术与组织层面的执行方针。第四章是关于使用杠杆和权力去击败竞争对手，我们将其称作柔道和相扑战术。盖茨、格鲁夫和乔布斯证明了自己是战术大师。他们经常将对手的优势变为劣势，同时，在他们职业生涯的后期，使用各自公司压倒性的资源主宰竞争对手。

第五章是关于在领导独特的技能与商业洞察力，或者叫个人抓手的基础上塑造组织。盖茨在其对软件技术深刻的理解基础上塑造了微软；格鲁夫推动英特尔开发缜密的“像工程一样的”流程，大规模制造复杂的半导体装置；乔布斯用他在产品设计与用户体验上对于优雅与简约的迷恋塑造了苹果。另外，这三位都认识到自己的弱点，他们聘用员工，一起创造企业文化、体系和价值观，以此弥补自己的缺点。

贯穿在这五章之中，我们探讨了这三家企业历史上发生的主要事件，以此解释盖茨、格鲁夫和乔布斯如何实施这 5 项战略法则，以及他们为什么有时会误入歧途。许多人已经很好地讲述了微软、英特尔和苹果的故事，我们的目标不是讲故事，而是注重更加广泛的管理经验。因此，有时我们的讨论可能在时间上有所跳跃。另外，我们会在不止一个章节中审视几个特别重要的决定，原因是从不同角度审视它们的时候，我们会得到新的见解。

结论中总结了怎样做才能掌握这 5 个战略法则。我们回顾了盖茨、格鲁夫和乔布斯给我们的启示，后继者——马克 · 扎克伯格、杰夫 · 贝佐斯、拉里 · 佩奇和马化腾——已经开始使用相同的技巧。最后，我们指出了盖茨、格鲁夫和乔布斯在任期间犯的一些大错，包括他们如何为组织选择继任者的问题。我们还为高管和企业家提出了一些建议，如何避免或者最大限度地减少类似的错误，引领他们的企业走向未来。

第一章

向前看，向回推理

几乎每个人都熟悉埃德蒙·伯克所说的一句话，“不了解历史的人注定重蹈覆辙”，许多人都把此箴言铭记于心。面对重大决策时，我们的第一直觉是回头看历史，在思考今天围绕我们的挑战时，我们会依赖历史经验。

从根本上而言，战略是具有前瞻性的，它是要为未来做规划。理解过去的经验教训固然重要，但是基于未来会像过去一样的假设来制定战略是有风险的。安迪·格鲁夫很喜欢引用爱因斯坦的话：“想要思想有远见，需要向过去学习，同时不被过去所束缚。”[1]

战略大师采用与众不同的方法。他们不是向回看、向前推理，而是向前看、向回推理。伟大的战略家既是博弈理论家，又是国际象棋大师，他们向前看，来决定在未来的某一个时刻他们想要的公司是什么样子，然后向回推理，来判断需要采取什么行动让企业达到这样的状态。关注预测与塑造未来对于快速发展的行业至关重要，比人快半步还是跟随行业的节奏可能决定了公司是伟大还是失败。比尔·盖茨、安迪·格鲁夫和史蒂夫·乔布斯成功的部分原因是他们有着领先于客户与竞争对手的非凡能力。

这项能力要与战术区分开来。战略家没有水晶球：盖茨、格鲁夫和乔布斯都对未来做出过错误的公开论断。但是战略大师需要不屈不挠地关注未来，新的信息出现，或竞争对手采取行动、展现意图时，他们必须不停地更新自己的预测。

同样重要的是，像盖茨、格鲁夫和乔布斯这样的战略大师需要与企业时刻准备着，在新的机遇出现时抓住它们。我们常常把成功过多地归功于首席执行官。回过头来想一想，成功的领袖看起来有伟大的远见，能将每一步都事先计划好。但是事实上，多数伟大的战略家既有远见，也是机会主义者。他们能看到新兴市场初期微弱的亮光，也能认识到竞争对手尚未填补的空白。然后，他们会做出有根据的猜测，或者凭直觉采取行动，不确定性或者疑虑无法阻挠他们。

比如，IBM 想要寻找一个新的操作系统，盖茨的第一反应是他不在这个行业中。但是，他立刻意识到，IBM 正在给微软提供一个控制所有 PC 软件应用平台的机遇。格鲁夫并没有发明微处理器，但是他是最先理解微处理器有重塑计算机行业潜力的人。苹果并不是第一个创造图形用户界面概念的公司，但是乔布斯使苹果成为第一个抓住其革命性潜力的公司。

另外，这三位首席执行官都开发并执行了将愿景转化为现实的战略。能看到未来，本身并不能成就伟大的战略家。要成为伟大的战略家，你必须要知道如何走向未来。在这个过程中，盖茨、格鲁夫和乔布斯都得到了极富才华的高管合作者与员工的帮助。正如多数首席执行官一样，他们依靠管理团队和公司的其他人提出一系列想法，让创意的思绪流动起来。一旦有一系列选择摆在他们面前，他们会评估现有状况，研究其他公司可能采取的行动与对策，然后提出一个将不同的部分结合在一起的方向。他们是“策展人”和合成器，也是规划师。如果环境改变了，他们会调整愿景与计划。这就是战略中的难点——不是决定你想要到哪里去，而是要找出到那里去的方法。不仅是向前看，也要向回推理，随着进程进行调整。

在本章中，我们将这个难点变得稍许容易一点。我们将向前看和向回推理的过程分为 4 个主要部分。通过掌握这 4 项原则，任何管理人员都能学会如何更加有效地规划未来。

战略法则 1：向前看，向回推理

1. 向前看，形成对于未来的愿景；向回推理，设定边界和首要任务。
2. 向前看，预测客户需求；向回推理，努力匹配这些需求。
3. 向前看，预测竞争对手的行动；向回推理，设置障碍阻止对手并且锁定客户。
4. 向前看，预测行业的拐点；向回推理，应对改变，并且坚持到底。

博弈论与国际象棋的类比

尽管很少有战略家受过博弈论的训练，也不一定都下过象棋，但他们一直践行着核心信条：向前看，然后向回推理。博弈论是数学的一个分支，经常被用于经济学的分析。它教导参与者必须要注意博弈的后果，不管怎么定义它，必须要得出最佳结果，然后向回推理，找到能够获得这个结果的必要决策。要破一场博弈，你不仅要了解自己的利益，同时要了解对手的利益，以便能够预测他们的行动。在程式化的博弈中，这个相对容易，比如著名的囚徒困境。但是，在复杂的博弈或者现实生活中，可能很难计算出所有的可能性与结果。因此，好的博弈论理论家就像战略家一样，必须在一定程度上依赖经验和直觉来取胜。

象棋大师也会向前看，以认清他们希望在棋盘上创造出什么样的局面，然后通过计算比赛的“路线”向回推理——如果我走这一步，那么我的对手可能就会走那一步，然后我会走哪一步。象棋大师首先都会有一个关于比赛走向的愿景。其挑战是，最初，每种路线可能产生的排列组合远远超过人类的计算能力。因此世界级的象棋手学会“修剪”，很快去掉次优步骤，以减少需要考虑的路线数量。即使是 1997 年曾经打败世界冠军加里·卡斯帕罗夫的 IBM 超级电脑“深蓝”，也没有足够能力计算出一局比赛中每个可能的步骤，尽管“深蓝”每秒能够分析两亿步，其算法包括识别与放弃明显的劣等步骤的能力。

看到新的事物或者机遇时，我们能够抓住它们……这种创造性的时期也许只能持续 10 年，但是如果我们恰当地进行管理，那就可能是黄金 10 年。[2]

——史蒂夫·乔布斯（2000）

向前看：从对未来的愿景开始

商业就像博弈论和象棋一样，所有伟大的战略家一开始都有一个对未来的愿景。在某种意义上，秘诀很简单，应该包括组织的发展方向，客户可能愿意为什么付费，以及组织如何提供消费者愿意购买的独特的产品或服务。当然，细节为王。

为了把细节弄清楚，成功的首席执行官依靠外推法和阐释法。外推法相对容易：分析师、研究公司以及学术研究能够根据现有的数据帮助公司领导者了解产业格局和趋势。但是，之后需要有人来阐释这个信息——也就是说，辨识出这些趋势带来的关键机遇与挑战。外推法本身可能是泛化的，很容易模仿。阐释是有远见的首席执行官画龙点睛的部分。

安迪·格鲁夫对于英特尔的愿景基于叫作“摩尔定律”的外推法。1964 年，后来成为英特尔联合创始人的戈登·摩尔预计，用于集成电路上的晶体管数量每 18~24 个月会翻倍。之后 20 多年的时间，行业的发展符合他的预测。之后格鲁夫在 20 世纪 80 年代末阐明了自己对于未来的愿景。有一些人认为摩尔定律只是工程学上进步的一个案例，而格鲁夫将其解读为能够改变电脑产业格局的战略。格鲁夫提出，如果英特尔继续推动摩尔定律，竞争对手需要巨大的规模经济来制造集成电路或者芯片。不可避免的是，这将颠覆主导行业几十年的垂直整合的巨头。在那个时候，以 IBM 和美国数字设备公司（DEC）为首的主要电脑企业生产的产品包括靓汤和坚果等。它们制造自己的半导体，推出自己的硬件，编写自己的操作系统，用公司内部的销售团队分销产品。几年之前，在趋势尚不明朗的时候，格鲁夫就预测到这样的体系会被几个水平层面所组成的行业推翻——芯片、硬件、操作系统、应用、分销——每一个部分都会被少数有实力的企业主导。基于这样的愿景，格鲁夫把英特尔的战略与组织完全聚焦于取得在微处理器细分市场上的领导地位。

比尔·盖茨的愿景同样建立在摩尔定律对于未来描述的趋势上，但是他对于计算能力重复翻倍的解读是，这是一股能够将硬件变成商品的力量，使软件成为真正的价值来源。在 1994 年的采访中，他回忆了自己的想法：

当微处理器的处理能力每两年就翻倍时，在某种程度上，你会认为计算能力几乎是免费的。那样你就会问，为什么企业要做几乎是免费的东西呢？什么是稀缺的资源？是什么限制了从无限的计算能力中获得价值？软件。[3]

这样的顿悟是有革命性与预见性的。正如盖茨早在 1975 年就坚信，有一天每个家庭的书桌上都会有一台 PC。大概一年之后，史蒂夫·乔布斯有了相似的愿景。1976 年，他与史蒂夫·沃兹尼亚克建立了苹果电脑公司。微软和苹果都是在行业大师认为家庭电脑是个愚蠢的想法时，就产生了这样的愿景。戈登·摩尔曾经告诉我们，在 70 年代，家庭中的电脑除了储存菜谱，毫无它用。1977 年，世界第二大电脑企业美国数字设备公司的首席执行官肯·奥尔森公开称："有什么理由需要每个人家里都有一台电脑？。"[4] 显然，比尔·盖茨不同意这样的观点。1975 年，他从哈佛退学，与保罗·艾伦共同建立了微软，并且实现了对未来的愿景。保罗·马里兹从 80 年代末到 90 年代的大部分时间都在负责微软的操作系统业务，他告诉我们，盖茨最初的愿景是如何强烈地影响到整个公司的：

我们是创造这个新平台的一分子，新平台会在个人生活与企业工作环境方面实现非凡的功能与效益。我们每个人都把这个想法铭记在心。而我们认为这是我们伟大的使命。我们会拿下坏人。我们会替代老旧的、专属的、昂贵的大型计算机、微型电脑，提供（新的）东西。[5]

盖茨在事业后期，会将一些外推工作放权给其他人。自 20 世纪 90 年代初，拉斯·西格尔曼就直接与盖茨打交道，他说："（盖茨）不会说，'未来该是这样的。盖茨聘用像内森·梅尔沃德这样的人来预测'。"[6] 的确，微软首席技术官、微软研究院的创始人梅尔沃德是一个多产的作家，他的工作备忘录中有很多关于未来趋势的内容。但是盖茨牢牢地控制着微软的愿景，并且在涉及这些愿景的诠释会如何影响公司的产品和竞争地位时，他会引导方向。

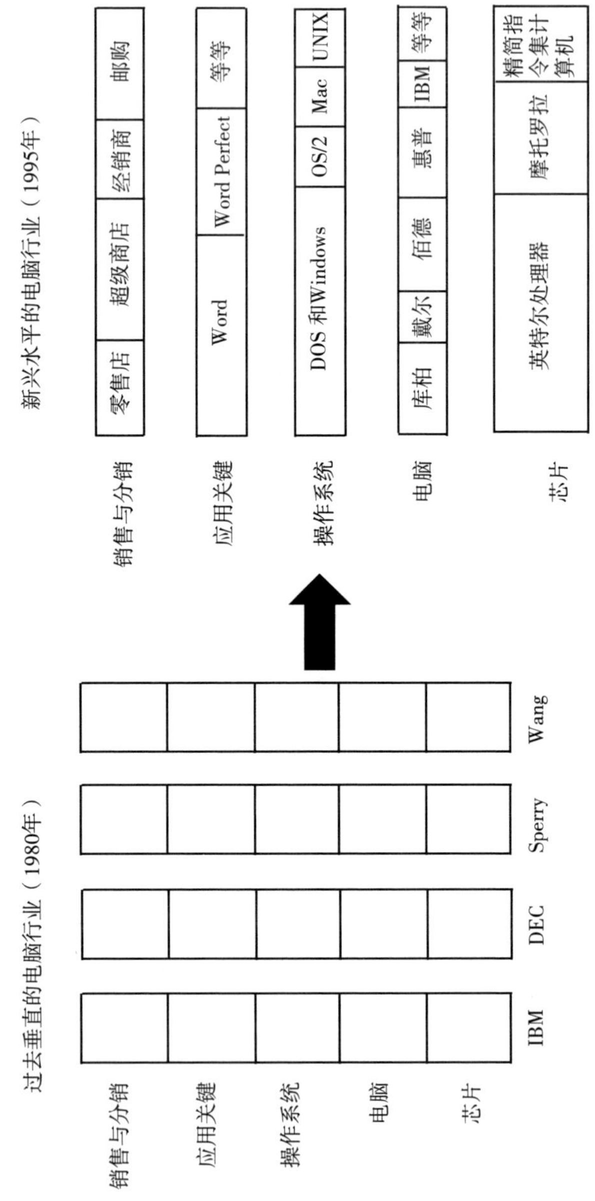

来源：基于安迪·格鲁夫在英特尔的报告，获得同意使用。

盖茨的一个愿景就是每个家庭都有一台电脑，但是他自然的倾向是为其他程序员和企业客户创造产品，而不是为每一个消费者。相比之下，计算能力改变普通人生活这一令人兴奋的进步也启发了史蒂夫·乔布斯。乔布斯的愿景是使用技术满足目前未被满足甚至未被发现的客户需求。职业生涯伊始，他就致力于将平淡无奇的电脑变为“不同凡想”的产品。最终，他对于苹果的愿景扩展到了个人产品以外，延伸至对于整个数字体验的设计。正如其他行业人士一样，乔布斯意识到 90 年代的数字设备爆炸创造了一个数字巴别塔，因可用性与连接性差变得更加糟糕。但是，与别人不同的是，他有解决方案。2001 年，乔布斯告诉苹果大会的与会者，在新兴的数字生活方式中，Mac 机“能够成为‘数字中枢’，有能力为其他数码设备增加巨大的价值”。[7] 苹果关注用户体验，特别适合实现这个愿景。

乔布斯关于数字中枢的愿景给苹果设定了一个新的发展路径。苹果前硬件负责人乔恩·鲁宾斯坦回忆到，2000 年乔布斯在公司内部阐明了数字中枢的战略。2001 年，乔布斯对外宣布了这个战略。他和团队“花了很多时间进行头脑风暴，讨论之后还要做些什么样的设备”，他们想到了个人数码助手、相机、电话，然后决定 iPod 是短期最佳机遇。[8] 更广泛地看，当时的零售负责人罗恩·约翰逊解释说：

（数码中枢的愿景）创造了产品、软件产品的头脑路线图，指出苹果如何在市场中取胜。苹果过去的主要业务是 PC，而这个（愿景）解放了公司，使其在音乐播放器、相机以及其他所有新兴领域中成为重要的一员。这真的成为我们分配资源的方式。[9]

我们觉得这些愿景是值得注意的，不仅因为其展现了大胆的野心，更是因为盖茨、格鲁夫和乔布斯在表达各自目标时所表现出的清晰和简洁。他们仅用只言片语，偶尔配上图片，便将自己的想法展现给员工、客户和合作伙伴。可能正因如此，这三个公司内部与外部的听众，都会在这三位首席执行官解释未来的想法时聆听他们说的每一个字。

但是，清楚与永恒不变不是一回事。这些愿景可不是从这些领袖的头脑里突然冒出来的。随着新的事件和新的信息初露端倪，它们被不停地重新审视、修改和再定义。比如，格鲁夫将英特尔从一个经典的半导体产品生产企业转型为电脑产业的核心企业。在 5 年的转型过程中，他一直在改良其愿景。他刚成为首席执行官时，预想着英特尔成为全球领先的全品种半导体制造商。[10] 后来他“逐渐得出结论，应该把公司从原来生产各类半导体的定位转为专注于台式电脑”，他在 1990 年对管理团队说了这样的话。[11]

在比尔·盖茨的带领下，微软走向了相反的方向，随着时间的推移扩大范围，同时保持对于软件的密切关注。微软最早的产品是编程语言，之后推出了操作系统，然后是应用。之后，盖茨扩展了视野，囊括了许多不同的产品，比如通信网络软件、数据服务器、多媒体应用，以及互联网服务器和应用。与此类似，乔布斯对于苹果的愿景持续发展，首先集中于电脑，然后集中于

Mac 机作为数字中枢，到了 21 世纪第一个 10 年后期，集中在“云”上。随时应对环境改变的能力，保证战略核心的清晰性，是三位首席执行官的共同优点。

向回推理：设定边界与优先权

IBM 前任首席执行官郭士纳曾经说道：“愿景是容易的。指着看台，然后说我要把球打到那上面去，其实并不难。难的是……如何做到。”[12] 换言之，愿景本身并不是目的。领导必须将愿景转化成定义公司活动范围的战略——定义公司要做什么，可能更重要的是，不要做什么。这样的一个修剪过程为资源明智的分配提供了基础，也是向回推理的关键要素。

再来看格鲁夫。总而言之，他的愿景是通过开发摩尔定律的潜力，让英特尔成为计算能力最为强大的企业之一。因此，英特尔最重要的任务是推动能够让集成电路上的晶体管每 18~24 个月数量就翻倍的工程与制造创新。摩尔定律、其对于处理技术与资本支出方面的影响，英特尔董事会在格鲁夫任职期间对此的讨论可能超过了任何一个主题。年复一年，没有什么能比让英特尔保持在摩尔定律所预测的轨迹上的战略、计划与资源分配更为重要的了。

但是验证摩尔定律并不是终极目标。终极目标是将英特尔定位于在水平层级的行业中繁荣发展。格鲁夫相信，能够达到规模经济的企业会主导每一个层级；达不到的企业会挣扎，甚至失败。

这个愿景之中容不下想要全部包揽的企业。英特尔必须要退出或者离开其无法获得成功的业务，首先致力于成为一个微处理器企业。格鲁夫思想中的这种变化和英特尔的转型并不是一次性完成的。1987 年是格鲁夫作为首席执行官的第一年，他宣称英特尔业务中的 50% 应该是“系统”，或者说是组装好的电脑。两年之后，他制定的目标是使英特尔成为“系统中的前五”。[13] 但是到了 1990 年，他意识到，企业需要退出系统的业务，转而集中于打造其核心竞争力。在未来，它将制造一些产品，比如主板——包含 CPU、存储器及其他元件的印刷电路板，这有助于销售微处理器。它可以进入固定成本相对较低的相关产品的市场（比如调制解调器）。但是，它会远离其他拥有规模经济的大企业主导的层级。特别值得注意的是，格鲁夫在 1991 年告诉其团队，进入品牌 PC 硬件的企业意味着直接与英特尔的客户进行竞争——这绝对“不行”！[14]

比尔 · 盖茨在制定微软的战略时，用的是同样严格的方法。联合创始人保罗 · 艾伦原本希望生产硬件和软件，而且微软的确也设计了鼠标和键盘，但是公司的精力和资源一边倒地集中于软件。盖茨很固执地相信集中的重要性，之后他解释说：“你必须要尽可能地实施单一的战略。可以有分开的业务，也可以有分开的竞争，但是必须都在一个框架之中。”[15] 微软的中心目标是主导操作系统的市场，首先是通过 DOS，然后是通过 Windows 的多个版本。第二前线是集中于桌面生产力应用（Word、Excel 和 PowerPoint），一个网页浏览器（Internet Explorer），一个服务器的操作系统（Windows 服务器），以及其他补充性的软件产品。直到公司成立 25 年之后，也就是 2001 年发布 Xbox 之前，微软一直是忽视硬件的。

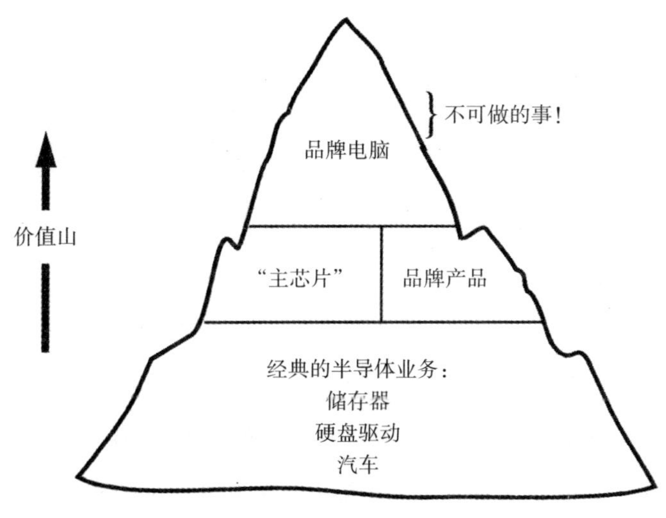

“做得正确”是什么意思？

来源：1991 年安迪·格鲁夫在英特尔的 SLRP 报告，获得同意使用。

与之类似，史蒂夫·乔布斯担任苹果的首席战略官时认为，去粗取精是一个中心任务。任期将满之时，他解释说：“我们成功的方法是非常谨慎地选择骑哪匹马。”[16] 遗憾的是，苹果并没有一直遵循这个原则。离开 12 年后，1997 年乔布斯回归苹果，他发现公司的产品组合混乱无章。他从不装腔作势，抱怨道：“太差劲了！这些产品完全没有吸引力！”[17] 为什么呢？主要原因是产品太多了。在乔布斯被任命为首席执行官之前，苹果的领导层已经开始将公司进行重大的重组与精简。[18] 打印机事业部、低端 Mac

机，还有苹果的高级技术部门都关闭了。但乔布斯还是在苹果产品的灌木丛中迷失了方向。

乔布斯受够了，他画了一个两横两纵的简单网格。纵向标签是“客户”和“职业”，横向标签是“桌面”和“便携”。他坚持认为公司应该只集中于4种产品，每一个象限中一台电脑。苹果前首席执行官弗雷德·安德森说，乔布斯告诉公司高管放弃企业市场，转而专注于教育市场以及设计和出版专业市场。[19]

乔布斯有一个著名的论断：“我为我们所从事的工作感到骄傲，也为我们不贪多求全感到骄傲。”[20] 苹果的日程表上从没有进入低端电脑市场这一项，不曾有制造平价电脑与戴尔、康柏等公司竞争的计划。[21] 乔布斯在1986年收购了动画工作室皮克斯，他也让工作室集中于几个好的产品。皮克斯保持着相对缓慢的电影发行速度，而不是每年发行好几部电影。这个速度意味着不会有次级作品。每部电影都集结了皮克斯最好的动画师、编剧和工程师。乔布斯说：“质量比数量更加重要……一个全垒打比两个二垒打更好。”[22] 尽管这个比喻不太恰当（一个全垒打的得分和两个连续的二垒打的得分是一样的），很显然乔布斯信任全垒打的方式。

你不能只是问客户想要什么，然后尽量把想要的提供给他们。等你生产出来，他们就会想要新的东西了。[23]

——史蒂夫·乔布斯（1989年）

向前看：预测客户的需求

要成功地建立和运营企业，你需要理解客户的需求，尽可能每天提高你给客户提供的价值。获得有关现有产品与服务的反馈。（我们希望）你倾听客户的需求。要找到痛点，尽可能去掉痛点。

为了开发面对未来的战略，你需要做到所有这些，甚至更多。你需要看得更远，不仅知道客户今天需要什么，并且判断出他们未来会需要什么。这一点很有挑战性，因为客户通常在看到某个产品之前，是不知道自己需要什么的。在高科技方面，这个困难尤甚，因为很少有外行理解新兴科技的潜力。在这种情况下，市场调研和焦点小组访谈帮助不大。但是，伟大的战略家利用他们对于技术趋势的了解创造产品和服务，满足客户自己都还不知道的需求。在这个过程中，他们既预测又塑造了客户的喜好。

比尔·盖茨和保罗·艾伦在 1975 年看到 PC 发烧友工具包上市时预测，这将创造出对于编程语言和其他软件开发工具的需求。但是，在接下来的几年，盖茨总体上是一个快速的（有时也不是特别快速的）跟随者：有了操作系统、应用、服务器和互联网浏览器，以及其他产品和服务，微软的战略大体上是等到大规模的市场快要出现时，复制行业领军企业的基本特色，然后公司将产品进行大规模的提升，生产出“足够好的”产品进入市场。[24]

与之相比，史蒂夫·乔布斯更懂得预测与塑造消费者需求。他对他的传记作者说：“有人说，‘给客户他们想要的东西’。但我不会这样做。我们的任务是预测消费者将会需要什么。亨利·福特曾经说过：‘如果我问消费者他们想要什么的话，他们可能会告诉我，一匹更快的马！’”[25] 乔布斯没有浪费时间去问消费者想要什么。他把自己看作一个典型的消费者，并且假定能够达到他的标准的产品会被市场广泛接受。正如弗雷德·安德森回忆说，乔布斯“不相信市场调研。他认为消费者不知道下一个好东西会是什么……乔布斯为自己有看到下一个伟大产品的能力和远见感到骄傲，并且充满热情地从事这项事业”。[26]

最初的麦金塔电脑的发展就体现了这一点。在苹果创造 Mac 机之前，多数电脑都有一个命令行界面，也就是说，通过输入文本命令进行控制。在 70 年代早期，施乐的帕罗奥托研究中心创造了第一个图形用户界面（GUI），用更加直观的图标、菜单和窗口代替了晦涩的文本指令。但是施乐没能将这个创新商业化。这个任务落在了苹果的肩上。乔布斯 1979 年底访问了施乐的帕罗奥托研究中心，不需要做任何市场调研，他就得出结论：看到了计算的未来。

乔布斯立刻让苹果集中于设计一款带有图形用户界面的针对大众市场的电脑。在整个疯狂的过程中，他亲自确定麦金塔电脑的细节，包括鼠标设计和屏幕上的文本滚动等。[27] 这些设计决策并不基于消费者反馈，而是他自己对于优质设计本身的坚定信仰。乔布斯曾经告诉苹果的首席执行官约翰·斯卡利，他觉得没有任何一种方法可以替代这个方法：“别人都不知道以图形为基础的电脑是什么的时候，我怎么能去问他们以图形为基础的电脑应该是什么样的？之前没有人看到过。”[28]

乔布斯的决定从根本上塑造了人们对于PC外形、工作方式的认知。与此类似，尽管苹果没有发明MP3播放器、智能手机、平板电脑，但是乔布斯在定义消费者如何使用这些产品方面扮演了至关重要的角色——更准确地说是再次定义。在这个过程中，他实际上就是“一个人的焦点小组”。[29]苹果许多的成功例子显示，乔布斯有着预测消费者需求的罕见才能。但是仅仅依赖于一个人的品位是不够的。正如安德森所评论的那样：“很多时候，乔布斯是正确的，但是也会失败。”[30]失败的产品包括苹果的第一个图形用户界面电脑“丽萨”，形状奇特的麦金塔电脑Cube，以及苹果灾难性的第一个云服务MobileMe。史蒂夫·乔布斯并非无懈可击，其他首席执行官也无须复制乔布斯的方法。苹果最好的产品点子，以及微软和英特尔最好的点子，通常是在内部辩论与竞争中产生的，并非基于市场研究或者个人想法。激烈的辩论通常会探讨、改良一系列产品想法，之后有一个清晰的决定，这样公司更有可能知晓未来消费者的需求——而这远远早于消费者自己对于自身需求的了解。

在预测与塑造消费者喜好方面，安迪·格鲁夫比起乔布斯少了几分古怪，但是他也同样致力于这项任务。他遇到的挑战与苹果相似：技术的发展快于消费者对于自身需求的感知。摩尔定律意味着英特尔每两年可将交付给消费者的处理能力翻倍。这造成了一个明显的问题：你要用多出来的处理能力做什么呢？PC用户不知道答案。比如，在20世纪80年代，许多人都不知道为什么需要比 1985 年上市的英特尔 80386 更强大的芯片。对于英特尔来说，更糟糕的是，许多直接客户，也就是制造 PC 的企业，积极地抵制公司为每一代芯片增加新的计算能力。消费者购买 PC 的能力是有限的，随着 CPU 的价值上升，像戴尔或康柏这样的电脑制造商得到的价值就会下降。

为了每 18~24 个月让 PC 制造商购买新的、更加昂贵的芯片，英特尔必须要说服消费者购买基于这个芯片制造的更加昂贵的新电脑。为了说服消费者升级电脑，英特尔必须要让消费者相信，更加昂贵的新电脑能够为他们提供提升工作与生活质量的能力和功能。为了解决这个问题，格鲁夫开发了一个容易记住的原则：他要求英特尔推动“能力螺旋”并且找出“MIPS 吸的应用”（MIPS 是每秒数百万指令），这些应用能够利用每个新的芯片提供的能力。

因为英特尔并不开发消费者软件，这就意味着它是一个平台，而不仅仅是产品战略，我们会在第三章进一步探讨。英特尔必须要积极地与许多企业合作来建立这些吸 MIPS 的应用。另外，企业的工程师开始为芯片注入新的功能，比如能够加速多媒体的指令。这些功能支持消费者自己尚不了解的需要，比如让人兴奋的电脑新应用，播放音乐、观看与编辑视频、玩游戏、打电话与视频电话，消费者很快会发现他们离不开这些。英特尔在推广这些应用方面发挥了积极的作用，尽管是其他公司在卖这些应用。比如，在 1994 年，英特尔资助了一个大规模的广告活动，主题是 8 个前沿的消费者与商务软件程序。这个广告活动是英特尔最强大的新型芯片奔腾处理器的重要推手。[31]

向回推理：需求与能力匹配

向前看的危险就是未来是个充满诱惑的地方，很容易在梦想中迷失。这对于未来主义者并无大碍，但是对于战略家来说可能会招致灾难。想要带领你的企业从现在安全地走向未来，并且建立可行的业务，你必须确定将今天的愿景变为明天的现实的步骤。

第一，这意味着要保证你的企业已有或者能够建立满足消费者未来需求的能力。这些能力包括人才、技术、设施和合作——需要将规划的产品与服务投向市场，在竞争中保持领先。企业有时需要多年之前就进行投资。

比如，80 年代后期，比尔·盖茨开始投资于一个操作系统来代替仅推出几年的 Windows。最初的 Windows 基本上是一个基于 DOS 的图形用户界面。盖茨想要这个新的版本——最终命名为 Windows NT——足够强健，能够服务于企业客户并满足未来消费者更为苛刻的需求。要从零开始建立一个新的操作系统，他聘用了曾在诸如美国数字设备公司和美国电话电报公司工作的经验丰富的工程师。微软在 1993 年推出了第一版 Windows NT，目标受众是企业，但是公司又用了 8 年的时间才替换掉原来的代码基，将操作系统 Windows XP 推向家庭市场，该系统是基于 Windows NT 的代码基。[32]

将能力与需求匹配同样意味着改进公司的结构，使其与新的战略相一致。正如罗恩·约翰逊回忆的那样，在苹果开始致力于开发平板电脑的同时，高管也在想，如何重组企业来支持乔布斯在2000年就讲过的“数字中枢”的愿景。“我们需要一个软件事业部，一个应用事业部，一个设备事业部。”约翰逊总结出了这个讨论的主线。[33] 这些对话最终产生了一个新的设备组，集中于iPod，以及一个新的软件应用部。[34]

但是这个向回推理的过程不应该止于企业的边界。为了成功，战略家通常要确保其他企业的能力和目标支持他们满足消费者需求的计划。这对于有着复杂供应链的平台行业或者企业来说尤为如此。哪怕是最有远见的首席执行官，如果无法认清企业、供应商以及生态系统中合作伙伴的局限，最终也会出差错。

比如，在90年代初，早在Skype出现之前很久，安迪·格鲁夫就笃信，电脑视频电话会议系统将是下一个重大产品。花了几亿美元，英特尔的视频会议系统ProShare还是失败了。为什么？因为在90年代，视频会议需要昂贵的硬件和复杂的、慢的以及常常不可靠的ISDN（综合业务数字网）电话线。[35] ProShare的项目经理帕特·基尔辛格解释道：“从根本上来说，把赌注押在ISDN上，是一个糟糕的决定。”更糟糕的是，尽管ProShare不会成功是很清楚的，格鲁夫对“创造一个新的应用类别热情极高”，使得基尔辛格没有办法对他说：“安迪，这个产品不行。”[36]

苹果在2000年早期也面临过类似的挑战。根据艾维·特凡尼安所说，早在2002年和2003年，苹果的工程师就做出了像iPad一样的平板电脑。[37] 他说，这个平板电脑是不错的：处理器，用户界面，触摸功能——一切都很好。但是高管们认识到，即使是这样，也无法满足消费者的需求。特凡尼安说，问题在于网络："Wi-Fi 刚刚出现，我还不能连接到任何网络。如果这个设备连接不到网络，那还有什么好的？"[38] 苹果压下发布 iPad 的计划，等到基础设施完善了才将其推向市场。

这些例子表明，首席执行官和企业家必须避免过分沉迷于"火箭式科学"，否则，他们就有过分超前于消费者与行业的风险。为了避免这个情形出现，战略家必须在有长期愿景的同时密切关注近期发展。乔恩·鲁宾斯坦说乔布斯对于苹果有着清晰的愿景，但是多数时候"乔布斯仅仅关注下一个产品，这给了他真正的优势，因为预测一年以后的形势比预测三年以后的形势清晰得多"。[39] 与之相似的是，英特尔的高管、和安迪·格鲁夫最为亲密的朋友魏德生强调，格鲁夫有能力将未来与现在联系起来（尽管也有 ProShare 这样的产品）。魏德生告诉我们："有很多经理人先定下五年计划，然后在第三年时，他们开始思考下一个五年计划。安迪不是这样的。"他认为格鲁夫明白一个基本的事实：

你只能看这么远，所以最好是经常看。战略中最为重要的元素是你知道自己要走的方向，并且知道在未来的 6 个月中要做什么。多数企业在确定方向上做得不错，但是从来没有把这个方向分解为短期的指标。英特尔在这个方面做得相当好。你问我为什么（我们）会成功，这是其中一个原因。[40]

与乔布斯一样，格鲁夫也知道重要的是头脑中要同时有两个目标——未来的和现在的。想要成功的话，企业的领导者必须能够同时跟踪这两个目标。这不是两个分离的问题，也就是说，不是你要么向远处看，要么集中于日常工作，而是必须两者兼顾。如果你一味地专注于未来6个月的挑战，你就不知道要向哪里走；如果你将两者紧密结合，经常更新计划与想法，你就更有可能从现在成功地走向未来。

微软过去有很明确的竞争对手。很好的是，我们都将其记录下来了。[41]

——比尔·盖茨（2004）

向前看：预测竞争对手的行动

向前看时，预测客户的需求是工作中有趣的部分，特别是在那些新兴技术有改变世界态势的行业中。很容易梦想这样一个未来：产品被飞快地从货架上拿走了，消费者排着队，评论员疯狂了，你的对手静静地啜泣着借酒浇愁。但是如果你不能预测竞争对手的行动，这些梦想很快就会变成梦魇。这是盖茨、格鲁夫和乔布斯早就学到的、永远不会忘记的教训。

安迪·格鲁夫最知名的格言可能就是“只有偏执狂才能生存”了，这也是他1996年出版的管理学畅销书的书名。在这本书里，格鲁夫首先写下了下面一段话：

人们通常认为“只有偏执狂才能生存”这句名言是我说的。我不记得我第一次说这话是在什么时候，但是，说到商业，我确实相信偏执的价值。商业的成功中蕴含着自我摧毁的种子。你越是成功，就有越多的人想要分走你的业务，一部分，然后另一部分，一直到最后什么都没剩下……我会担忧竞争者。我会担忧其他人知道我们是如何做的，而且做得更好、花费更少，赢得消费者的心。[42]

作为首席执行官，格鲁夫每年都要举办为期两到三天的管理会议，叫作战略长期规划会议，会上他会放纵自己偏执的想法。用格鲁夫的话来说，他设计了这些会议来回答一个基本的问题：“我今天必须要做什么来解决——最好是避免——明天的问题？”[43]在每次战略长期规划会议上，格鲁夫会用两个小时或者更多的时间阐述英特尔相比于对手的地位。比如，1991年，他将英特尔描述为一个被竞争者全方位包围的城堡。[44]他描述潜在的竞争者可能侵蚀的地方，新进入者会提供新的方法，以及这在当时对于英特尔意味着什么。英特尔一方面开发未来产品的路径图，另一方面进行此类竞争者分析。管理方在看到产品线中存在潜在的漏洞，并且像超微半导体公司或者其他的竞争者可能利用这样的漏洞时，格鲁夫会要求加快路径图或者新产品的改进，在竞争对手之前填补这个漏洞。

如果说还有其他的首席执行官与格鲁夫一样偏执的话，那就是史蒂夫·乔布斯了。说到产品计划，乔布斯可能是地球上最神秘的人。他的推理很简单：竞争者是模仿者。如果给他们瞄一眼你的产品愿景，他们不会只是抄袭，他们会偷走。（要说有证据的话，乔布斯 1979 年在施乐的帕罗奥托研究中心第一次看到图形用户界面时，就是这么做的。）根据乔布斯的一位传记作家的记载，苹果的操作系统 OS X 与其他的苹果产品一样，都是在“极度保密中”进行设计的，以避免竞争对手——主要是微软——窃取这个点子。[45]

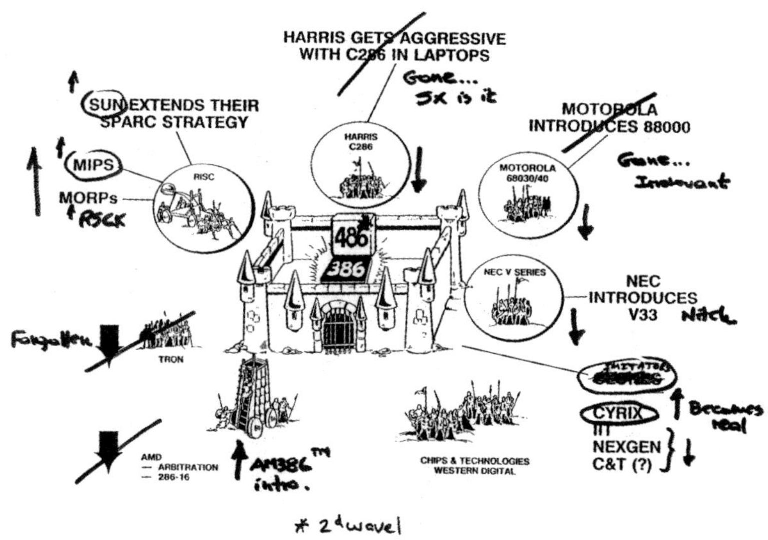

攻击英特尔“城堡”的竞争者

来源：1991 年安迪·格鲁夫在英特尔的 SLRP 报告，获得同意使用

相比乔布斯而言，比尔·盖茨对于模仿的担忧较少，但是他也同样担忧竞争者，担忧未来谁会赢。在 90 年代中期，他和我们谈了自己的一些忧虑：“我不知道未来的商业模式会是什么样

的——内容提供商会抢占我们的生意吗？随着信息高速公路的发展，可能没有人会赚钱，因为一切都成了商品。我很担忧的是，随着业务的拓展，我们可能走到我们的竞争圈子以外了。”[46] 在大众眼中，他会定期给直接下属发警示电子邮件，警告他们新的竞争对手正在挑战微软的霸主地位。比如，1996 年，盖茨告诉他的团队，他们需要更加系统地分析网景。他在电子邮件里写道：

能够对我有帮助的一个行动是将我们的计划拿出来，和网景现在的产品以及我们所了解的他们未来的情况比较。我们掌握了大多数的信息，但是在纸面上并没有上升到一个更高的层次……我想我们需要仔细地看一下我们是否有创造力。[47]

一年之后，盖茨将注意力转向一个可能的敌人：“最大的威胁绝对是 Java 现象，以及在此基础上产生的 ISV（独立软件供应商）现象。我们每天来到公司时都知道，我们没有解决这个问题，在很多方面，我们一天天变得越来越虚弱。”[48]

在那个时候，微软已经是全世界最为成功的企业之一，盖茨是世界上最富有的人之一。然而，和格鲁夫、乔布斯一样，他从未有过安全感，也从不自满。即使是在行业的顶端，这三位首席执行官也很担心，如果他们不够勤奋，竞争者几乎一夜之间就会摧毁他们。因此，即使全世界都认为他们是业界巨头，他们也已经形成了受压迫者的心态。在很大程度上，他们强迫管理团队，哪怕是级别最低的员工，也要持续预测竞争对手未来的动作。

向回推理：建立进入障碍，锁定消费者

系统地考量竞争者未来行动的目的，是向回推理，看看自己的企业今天应该做什么。好的战略家会计算竞争对手最有可能采取的行动，并且计算出如何应对这些行动。战略大师还会再进一步弄清楚如何改变游戏的性质，通常是改变对方的可选项与选择结果。通常这些改变游戏的行动包括建立进入障碍，或者在竞争对手有机会行动之前锁定消费者。正如波士顿咨询的创始人，也是现代战略最早期的专家之一布鲁斯·亨德森所解释的，目标是“引导你的竞争者不要投资你最希望投资的产品、市场和服务。这是战略最根本的规则”。[49]

英特尔采用经典的财力雄厚的方法建立进入障碍。在安迪·格鲁夫的带领下，公司在硅技术、设计的先进性与专利组合的数量方面成为领先企业。到 90 年代初期，英特尔已经开始建立品牌偏好，但是竞争者还是源源不断，其中包括像超微半导体公司这样的模仿者和 IBM 的 PowerPC 芯片这样的另类架构。1993 年，格鲁夫决定在需求明确之前投重金扩大产能，以此领先于竞争对手。他告诉高管团队，制造“468”已经投入 10 亿美元的资本金，但是他准备投资 50 亿美元用于工厂建设，制造下一代芯片——奔腾。这个决策对于竞争格局的影响是深远的。用戈登·摩尔的话来说，在 90 年代早期，“成为全球半导体市场主要企业的入场费”已经是“10 亿美元预付款”。[50] 英特尔致力于进行大规模产能投资，使得入场费暴涨，而结果就是潜在竞争者的数量萎缩。格鲁夫决

定在资本扩张上下赌注——在需求之前两年或者更长时间——将障碍提升到其他企业越来越难以跨越的高度。

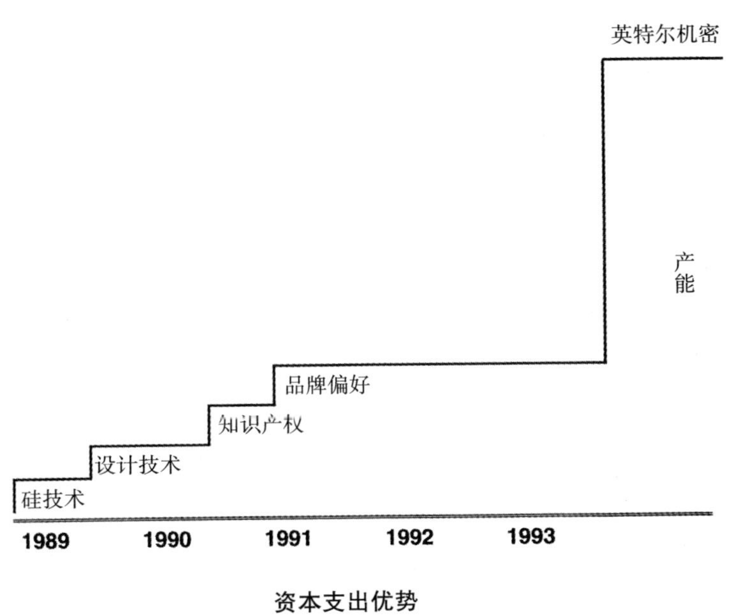

资本支出优势

来源：1993 年安迪·格鲁夫 SIRP 报告，获得同意使用。

与此类似，比尔·盖茨也从第一天起就集中于建立进入障碍。在微软将 DOS 提供给 IBM 的最初合同谈判中，盖茨竭力要控制其他企业使用这个操作系统的授权。作为获得这项权利的回报，他愿意给 IBM 一个甜心交易——一个较低的固定费用，不用持续交使用费。盖茨在 1994 年解释说，他的目标是控制 DOS 的使用权，建立数量，保持低价，从而使潜在竞争者的日子很难过。

我们限制 IBM 与我们产生竞争，将 MS-DOS 授权给其他电脑制造商，这是我们谈判的关键点。我们想要确保只有我们可以授权……我们知道好的 IBM 产品通常会被复制，所以不需要火箭式专家就能理解，最终我们能够将 DOS 授权给他人……随后……就会有人生产出全新的操作系统，但是我们已经获得了量，因此我们可以定低价，保证销量。[51]

使用价格锁定消费者是盖茨惯常使用的策略。将 DOS 和 Windows 授权给电脑制造商使用时，他给消费者一个选择：按照每个安装的操作系统支付高价或者按照出货的电脑数量支付给微软一个低价使用费——表面上看是因为跟踪软件安装很困难。基本上每个人都会选择按照硬件数量计费，电脑制造商如果想要安装竞争者的操作系统，他们就不得不支付双倍的价钱——为 DOS/Windows 支付一次，为真正安装操作系统支付一次，比如 IBM 的 OS/2，诺勒有限公司的 DR DOS，还有一些使用 UNIX。美国司法部在 1994 年禁止了这个做法，正是因为这锁定了微软的支配地位。[52]

战略定价帮助微软在桌面生产力市场获得并留住了消费者，尽管其在这个市场上是后来者。在整个 20 世纪 80 年代，微软的 Word 和 Excel 远远落后于 Lotus 1-2-3 和 WordPerfect 这样的市场领袖。为了赶上，微软在 1990 年将 Word、Excel 和 PowerPoint 捆绑成 Office 办公套件，并且以很大的折扣销售。（Outlook 和 Access 这样的产品之后也加入办公套件之中。）这些应用的销售呈爆炸式增长，1990 年是 5.67 亿美元，到 1995 年达到近 40 亿美元。

一个简单的例子证明了捆绑销售的力量。想象一下，一个世界里有两个用户：一名记者和一名金融分析师。记者愿意花高价，比如 100 美元，购买很好的文字处理程序，但是只愿意花 20 美元购买电子数据表，因为他用得比较少。但是，金融分析师想要很棒的电子数据表，她愿意为此付 100 美元，但是只愿意花 30 美元购买文字处理程序。如果你是 Lotus，你在电子数据表的业务上占主导地位，最好的定价策略是收费 100 美元，获得这位金融分析师做客户；如果你是 WordPerfect，在文字处理领域占有主导地位，最佳定价同样是 100 美元。这个策略一直非常奏效，直到微软将一个能够与之相媲美的文字处理程序与电子数据表结合成一个产品，收费 120 美元。这个相比从竞争对手那里购买两个单独的产品而言更划算。[53] 因为软件的边际成本几乎为零，这也是利润最大化的策略。微软多年来重复这个方法，通常是将关键的应用进行捆绑销售，比如将 Internet Explorer 和 Windows 捆绑，没有额外的成本。

与微软不同，苹果不依赖于定价来改变游戏。苹果的产品通常要收取一个溢价，很少有折扣。但是，在建立进入和模仿壁垒方面，乔布斯不比盖茨关注得少。在苹果的发展过程中，乔布斯因为申请广泛的专利而著名，经常在专利中加入自己的名字，任何被怀疑抄袭公司的产品设计的人都会遭到起诉，包括合作伙伴（比如微软）、供应商（比如三星），甚至是客户。

更重要的是，乔布斯致力于为客户提供一个紧密整合的、用户友好型的体验，以将他们锁定多年。他对于音乐的战略就是一个明证。乔布斯自己也承认，他在认识到数字音乐的重要性方面觉醒很慢，但是一旦决定要进入这个游戏，就不仅仅是弥补这个滞后性。2001 年 1 月，苹果发布了 iTunes，这使得 Mac 机的用户可以从 CD 上复制音乐，添加到播放列表中，并且刻录 CD。9 个月之后，苹果发布了 iPod，它主导了便携音乐播放器市场 10 年时间。[54] 苹果成功的部分原因是出众的产品设计。从许多方面来说，iTunes 都是一个出众的音乐管理软件平台，而 iPod 比市场上多数的数字音乐播放器都要好。但是苹果产品的紧密集成是成就 iPod 持续占有市场份额的主要原因。

随着 iTunes 音乐商店的推出，苹果采用了音乐下载的专属技术。因为乔布斯拒绝将苹果的加密和版权保护技术授权给其他音乐供应商或者设备制造商，通过 iTunes 下载的音乐只能在 iPod 上播放，iPod 只能播放通用的 MP3 录音或者 iTunes 乐曲。苹果的用户如果从 iPod 转到使用其他设备，就会失去音乐库的使用权。所以，通过 iTunes 下载的音乐越多，他们就越不太可能离开苹果去使用其他平台，这是我们在第三章将要讨论的网络效应的一个明证。在 2009 年苹果放弃这个系统之前，客户一直被锁定其中，以此创造了一个潜在对手进入的障碍。

业务中有些元素的改变比之前所习惯的大了一个数量级时，所有的赌注都湮灭了。有风，然后是台风，有海浪，然后是海啸。10 倍的改变。[55]

——安迪·格鲁夫（1996）

向前看：预测战略拐点

所有战略家面对的最困难的问题是辨识行业的转变，并准备好从根本上重塑所在行业，就是格鲁夫所谓的“10倍”的改变。这些10倍的改变对于任何企业来说都是最大的机遇和最大的挑战。在某些行业中，这些改变可能每隔20年或30年，甚至是100年才会出现；在其他行业中，可能每5年或者10年就会出现。比如，从2007年起，智能手机和平板电脑通过通信与电脑产业刮起了台风。往回看，苹果二代和之后的麦金塔电脑对于PC产业有着相似的影响，后来又经过了一场根本性转变，像微软和英特尔这样集中于水平发展的企业代替了垂直整合的庞然大物式的企业。如果不能预测到这种改变，或者不能快速适应这种10倍的改变，对于美国数字设备公司和所有其他微电脑企业而言就意味着死亡，对于IBM和苹果来说，它们在PC产业的空间也大大减少。而苹果在PC市场上失去了活力，只剩下很少的份额，之后其自身重塑为巨大的消费电子企业。相比而言，微软和英特尔将这个地震式的变革转化成了机遇，建立了商业历史上最大的两个特许经营。

用克莱·克里斯坦森的话来说，这些10倍的改变叫作“颠覆性创新”（disruptive innovations）；用安迪·格鲁夫的话来说，叫作“战略拐点”（strategic inflection points）。不论采用哪种术语，战略家的角色都是辨识这些转变，并且设计出战略来应对这些转型期。如果事后才意识到这些转变，10倍的改变可能就是死亡之吻；及时认识到这一点就是明白、计划和准备。正如格鲁夫在

《只有偏执狂才能生存》中所说，你需要在“不是所有情况都已知，还没有拿到数据时有所行动。即使是那些笃信用科学的方法进行管理的人也需要依赖于直觉和个人判断”。[56] 做出这样的判断是极其困难的。在这些时刻，噪声是非常大的。最终，战略家必须依赖于辨别力和直觉，而这些是由经验支撑的。

正如我们在本章前面所讨论的那样，乔布斯在任职期间推动了 4 次这种 10 倍的改变：PC 中的图形用户界面，数字音乐中的 iPod 和 iTunes 变革，智能手机中的 iPhone 和应用商店变革，以及平板电脑中的 iPad 变革。格鲁夫和盖茨在他们任职首席执行官期间共同经历了至少两次 10 倍的改变。第一次是水平的 PC 产业的出现，第二次是作为消费者现象的互联网的崛起。1994 年，格鲁夫的技术助理马宏升让他坐在一个电脑终端前，向他介绍互联网。格鲁夫之后告诉董事会，他并不真的理解互联网，但是觉得它非常重要。他准备将英特尔转变成以互联网为中心的企业，而不是以 PC 为中心的企业，因此他为英特尔的董事会组织了两个小时的辅导，所有的董事会成员都坐在电脑前，精通技术的英特尔经理坐在他们旁边。格鲁夫希望董事会理解这是一个拐点，需要战略的转变。

格鲁夫意识到通信与计算的出现为英特尔同时创造了机遇和挑战。在 90 年代中期，他开始做演讲，宣称英特尔提供“免费的”MIPS——极低成本的计算——而在不久的将来，通信业将提供“免费”的波特——极低成本的数据传输。结合起来看，这两项发展将会随着令人兴奋的新应用的出现而推动计算能力需求的爆炸。

然而，互联网也对PC商品化产生了威胁，从关系上来说，这是英特尔的生计来源——x86系列微处理器。90年代中期，有很多关于PC被连接到网络的"瘦客户端"或者"网络家电"——精简的电脑所取代的说法。业界领袖，比如甲骨文的首席执行官拉里·埃里森，开始为"网络计算机"布道，英特尔的竞争者超微半导体公司开始大幅度降价，英特尔的高管害怕PC和CPU的价格会崩盘。1997年春，格鲁夫对他的团队谈到这个现象，他称其为"重力"，这是英特尔面临的最大的威胁。他责备高管"没有认真对待这个情况"。[57] 但是，幸运的是，格鲁夫有一个对抗重力的计划，我们将在第四章谈到这一点。

和格鲁夫一样，盖茨认为互联网将会带来巨大机遇，但同时也隐藏着强有力的威胁。1995年初，他将互联网作为年度"思考周"（Think Week）的焦点——这时他会腾出几天时间，离开微软，阅读书籍与大学的研究报告，以便跟上技术的最新发展趋势。1995年5月的思考周的产出是一份标题为"互联网浪潮"的备忘录，他发给管理人员和直接下属阅读。在这份文件中，盖茨很清楚地写道，互联网的发展会带来战略拐点，微软亟须在新形势下走在前列。

未来数年互联网的发展会为很长一段时间的行业发展设定方向……我想要强调，聚焦互联网对于我们业务的每个方面都至关重要。自1981年IBM PC出现以来，互联网是最为重要的发展，它甚至比图形用户界面的出现来得更为重要……需要改变的不仅是我们的产品。我们传播信息、分销软件的方式，以及我们沟通与支持客户的方式都会改变。[58]

盖茨意识到，如果能够通过网络浏览器获得应用，而不是把应用储存并在 PC 上运行的话，消费者就不再需要像微软 Windows 这样昂贵而复杂的程序来运行他们的电脑了。但是如果微软能够控制浏览器并且将互联网整合到 Windows 和 Office 中，就可以抵消这个威胁，微软能够将其主导地位从桌面延伸到互联网上。

盖茨和格鲁夫都特别擅长辨识战略拐点，部分原因是他们有着深深的偏执，认为他们的业务总是岌岌可危。他们将对未来的不懈追求与对历史的掌握进行耦合。他们敏锐地意识到之前 30 年中多数的技术企业悄无声息地死去了。从美国数字设备公司到王安电脑公司这些企业都消失了，因为它们没有适应像 PC 的出现这样 10 倍的改变。因此，盖茨和格鲁夫很少低估行业的挑战，他们总会在繁忙的日程中挤出时间学习、研究和探索如何应对新的挑战。

你不能用第一个版本的质量来判断战略拐点的重要性。你需要借鉴自己的经验……你必须严格要求自己把事情彻底想清楚，将早期版本的质量同长期的潜力与新产品或技术的重要意义分开来看。[59]

——安迪·格鲁夫（1996）

向回推理：投身于改变，并且坚持到底

认识到战略拐点对于长期的成功是必要的，但这只是第一步。之后你要响应，而且要快速地响应。当你意识到一个拐点即将到来，你需要今天就投身于改变。“过去那个旧的”战略不再奏效。这项任务可能特别有挑战，因为就拐点本身的性质来说，它充满了不确定性。基本上你需要现在就采取行动，以便应对未来的挑战或者抓住其他人没有看到的未来的机遇。

鉴于相关改变的量级，你的企业走上新道路的前几步可能是不稳定、不确定的。新产品和服务的早期版本可能没有那么好。评论家会狠狠批评你，甚至支持者也会怀疑你是否知道自己在做什么。但是如果你对自己的远见有信心，就要坚持到底，避免因沿途的颠簸偏离航线。

比尔·盖茨对于微软的领导就是这个方法的典型案例。微软产品的前几个版本都没有多少粉丝，但是一旦盖茨决定某个产品是战略重点，他就不会因差评与销售量低改变心意。比如 1985 年 Windows 1.0 发布的时候，没有几个人使用，1987 年的 Windows 2.0 也只是好了一点点。但是盖茨知道如果不能够做出一款好用的图形用户界面的操作系统，微软很快就会退出历史舞台。他继续大力投资改善 Windows，在 1990 年推出 3.0 版时，微软终于成功了。

20 世纪 80 年代末，盖茨决定将微软推向服务器软件的市场时，展现了同样的坚持。他意识到，随着人们越来越多地使用电脑获取储存在远程服务器上的数据和应用，这些机器会成为计算

机界巨大的一部分。如果服务器最终比 PC 更为重要，其他企业可能会使微软这个软件平台领袖黯然失色。Windows NT 这个服务器版本就是他对于威胁的回应。

直接向盖茨汇报工作的拉斯 · 西格尔曼回忆说："我刚到那儿的时候，我们没有服务器的业务……（但是比尔）有这个想法，'你看，成为应用服务器公司，我们会在网络业务中取胜'。"[60] 他愿意大力投资，使这个策略开花结果："比尔非常愿意进行财务上的投资，就像建立 Windows NT……（不论）要花多长时间，花多少钱，要用多少人，选择最精良的人才，我们要让 NT 成功。"最终它确实成功了。2014 年，Windows NT 在大约 65% 的企业服务器上运行。

与此相似，盖茨看到互联网浪潮向自己的企业——与之伴随而来的是建立可以通过网络浏览器获取的应用，可能使 Windows 毫无用处——他投入大量的资源建立了一个网络浏览器。Internet Explorer 1.0 和 2.0，都是在 1995 年发布的，当时被认为逊于网景的 Navigator。但是，当 1996 年推出 IE 3.0 时，微软终于有了一个占据优势的浏览器。1997 年升级至 IE 4.0 时，尘封了网景的命运。[61] 回过头看，微软的第一任总裁兼首席运营官乔恩 · 雪莉认为，盖茨的长期愿景是微软真正的优势，"并不是钱，因为其他人也有钱"，而是"比尔愿意长期投入做技术，不论短期的回报如何"，这使得微软与众不同。[62]

史蒂夫 · 乔布斯也一样致力于将事情做正确。比如，在 2008 年，苹果发布了 MobileMe，这是公司首次尝试发布云计算产品。

那个时候，乔布斯早先认为 PC 是数字中枢的愿景已经改变了，“云”成为中枢，PC 只是一个设备而已。MobileMe 的目的是通过允许用户将他们的内容——照片、视频、通信录或者日历——储存在一个企业服务器上，并且能够使用任何终端获取这些内容，实现这些愿景。但是，MobileMe 很昂贵，也不好用。资深的技术专栏作家沃尔特·莫斯伯格总结说：“如果苹果确实将 MobileMe 打造得很顺畅，这将是一项极好的服务。但是现在它实在太粗糙了。”[63] 乔布斯对于 MobileMe 的失败大为光火，换掉了这个项目团队中的大部分人，包括项目负责人。但是他一直致力于将云打造成数字中枢，并且为之努力了三年，终于成功地在 2011 年推出了 iCloud。

战略拐点就在不远处，你选择了一个新的路径，这时保持航向可能很难。在公司历史上这样的时刻，风险异常之大，且无处不在。但是正因为风险大，你无法等待不确定性明朗化再采取行动，也不能等着工程师团队设计出“完美”的产品。一旦雾散去，所有人都看清楚，再采取行动就太迟了。如果你想要引领改变，并且深信你的方向是正确的，就要立刻行动，坚持你的愿景，致力于逐步改善新产品或服务，以实现这个愿景。

从大师那里学到的教训

每一天，都有火需要扑灭。现有消费者和员工的需求会占用你所有的时间。但是，要成为一个伟大的战略家，你需要暂时放下今天的负担和昨天的约束，留出时间向前看到企业的、消费者的、竞争对手的和行业的未来。然后，你需要向回推理出你今天需要采取的行动。首席执行官和其他高管需要定期重复这项练习——在快速变化的技术世界里，至少每6个月重复一次。在这个过程中，你需要小心谨慎而行，确保你没有看得太超前，也没有落后得太远。这平衡起来有困难，但是盖茨、格鲁夫和乔布斯都在大部分时候实现了这种平衡。

这三位首席执行官练就了独到慧眼，为各自的企业设定边界与重点。他们都有着预测消费者需求的想象力，以及随着更新、更好的信息出现进行观点修正的素质与灵活性。他们努力满足消费者的需求，尽管这有时会非常困难。

盖茨、格鲁夫和乔布斯在预测竞争对手的行动与阻止他们的行动上都特别狡黠。他们的记录清晰地显示，偏执狂会成功。如果你不小心的话，对手会抄袭或者窃取你的想法。如果你不建立进入的障碍，并且锁定与消费者和合作伙伴的关系，竞争对手会在眨眼间将这些早期的优势抢走。因此，战略家要时刻保持警觉，避免重蹈曾经辉煌的IBM、美国数字设备公司或者网景的覆辙。

最后，盖茨、格鲁夫和乔布斯在辨识所在行业的拐点上表现出色，然后形成应对策略，将潜在的威胁变成机遇。他们并不总是能第一个看到转变，但是他们能够较早地看到变化，以有效地应对。同样重要的一点是，尽管一开始产品不够好，在发展过程中有各种让人失望的事情发生，但是他们有勇气坚持到底。环境中10倍的改变可能需要在策略与能力上有同样大的改变。随着数量级的改变，你一开始不一定能采取正确的策略。一个普通的产品失败时，将它废弃掉可能是值得的。如果你在重塑未来的战役中没有打响第一枪，你可能需要加倍投入。挑战在于知道加倍投入于一个好策略和方向与盲目赌上公司未来的区别——我们将在下一章探讨战略规则的问题。

第二章

下大赌注，但是不要赌上公司

战略不是为了要心生畏惧。伟大的战略家会做那些不易察觉的事、难事，以及反直觉的事，以此来将竞争格局向着有利于他们的方向改变。通常，这意味着下大赌注，可能是以巨大的资金投入或者开局优势的形式出现，比如对于赛场中的领先者们展开全面进攻。这些赌注的规模在吓到竞争对手的同时，也可能吓到同事和合作伙伴。但是，如果这些战略能巧妙地执行，它们将会产生巨大的回报。

20 世纪 80 年代初，比尔 · 盖茨决定开发 Windows，与 IBM 展开白刃战。他让自己年轻的企业与首创世界电脑行业的重磅企业进行对抗。盖茨在这场下注中获胜，微软继而成为世界上最强大的软件企业。安迪 · 格鲁夫在 1985 年决定让英特尔改变许可政策，成为下一代微处理器的“唯一来源”，他改写了行业的规则，也在资本开支上投入了几十亿美元。这场赌博取得了成功，将英特尔从一个小型的创业企业转变为行业巨头。2005 年，史蒂夫 · 乔布斯决定用英特尔技术代替 Mac 机的 PowerPC 芯片，这是拿麦金塔电脑的未来冒险。但是，这个占先的策略让 Mac 机与苹果起死回生。

这些例子显示，伟大的战略家要有勇气来下赌注，同时不能让公司因此倒闭。盖茨在微软的其他业务强大到可以让公司保持运行时才与 IBM 决裂，格鲁夫通过分阶段引入资本投资来减少最大赌注的风险，而乔布斯很精明地计算下注的时间来减少公司可能面临的风险。

他们共同的特点是要大胆，但不是莽撞。韦氏词典对于“大胆”（bold）的定义是“在危险面前无所畏惧：无畏，展现出或者需要大无畏的精神”。[1] 有太多的公司被没有能力或者不愿意做出艰难抉择的温和战略家带离轨道。相比而言，伟大的领导者会时刻准备做出大胆的决定，以启动、振兴或者重塑他们的企业。在盖茨、格鲁夫和乔布斯的例子里，他们的决策反映出帮助他们获得成功的 4 项原则：

1. 下大赌注去改变游戏。
2. 不要赌上公司。
3. 蚕食自己的业务。
4. 止损。

我们知道市场份额高是成功的关键，要得到高份额我们必须要愿意投资于制造产能。这样的投资带有巨大的赌博意味，因为我们必须要在实际需求出现前进行投资。[2]

——安迪·格鲁夫（20 世纪 90 年代初）

下大赌注去改变游戏

下大赌注是战略制定中最为艰难的工作之一。许多经理人和企业家自然的本能是去规划、分析、进一步规划，然后按照选择好的路径逐步推进。稍差一些的战略家通常多头下注、拖延、拒绝承诺。其他人则采取鲁莽不计后果的方式，如果成功，意味着高回报，但是久而久之也有企业破产的风险。伟大的战略家必须避免这两方面的陷阱。他们必须愿意"努力获取大胜"，并且有勇气和信念将计划坚持到底。

在新技术上下大赌注

在这三位首席执行官中，史蒂夫·乔布斯从气质上来说对于下大赌注是最为开放的。他的有些做法一开始看来似乎是堂吉诃德式的。尽管这样，正如乔布斯原来的一个员工所说，通过结合"纯粹的持久力、坚持，持续信任某件事，顽强固执地要做成什么事，持续保持乐观"，乔布斯会最终获胜。[3] 举一个例子，乔布斯在 1979 年 12 月发现图形用户界面时，决定放弃他最为成功的产品——苹果二代。乔布斯说，他一看到图形用户界面，立刻就知道它是电脑容易使用的，并且是真正进入大众市场的关键。施乐公司帕罗奥托研究中心的工程师展示他们的技术时，乔布斯大声呼喊："你们为什么不用它做些什么？这太棒了！这是革命性的！"[4] 他过后说："就好像我眼前的面纱被揭开了。我能够看到计算的未来。"[5]

乔布斯回到苹果，推动企业将赌注下在图形用户界面上，将其视为 PC 的未来。他一开始抓住丽萨电脑，在发展的早期阶段也是一样，丽萨电脑将图形用户界面革命带到全世界。苹果最初设计丽萨电脑是以传统的文本为基础的、命令行的界面。但是乔布斯很快决定应该使用图形用户界面和鼠标。据报道，他说："我们会让丽萨电脑变得非常重要，以至于它会在宇宙中留下一个凹痕。"[6] 如果说有什么不同的话，那就是丽萨电脑在开发过程中花费了将近 5000 万美元，这在苹果的财务上留下了一个凹痕。丽萨于 1983 年上市，价格是 9995 美元，但它没有找到市场，两年之后被叫停。但是那个时候，乔布斯已经跟丽萨没有关系了。开启丽萨项目之后，他就加入了打造麦金塔电脑的团队，其首秀是在 1984 年。尽管开始时命运多舛，麦金塔电脑最终将乔布斯电脑革命的梦想变成现实。这不是第一次，也不是最后一次，乔布斯大赌大赢。

乔布斯在 1985 年离开苹果，之后的 10 年，他将自己的财富赌在 NeXT 上，这是一个没有获得巨额销量的电脑工作站企业。还有皮克斯，这个公司最终大获成功。这些经历并没有减少乔布斯对于风险的喜好。他在 1997 年回到苹果，又在麦金塔电脑上下了一个大赌注，同意转用英特尔的芯片。

到了 90 年代后期，苹果已经挣扎了几年。推出产品失败，定价策略不一致，内部混乱，问题一股脑全冒出来了。苹果 4 年中换了 3 位首席执行官，同期员工数量削减了 9%。从 1992 年到 1996 年，公司的市场价值下降了几乎 50%，1996 年的运营损失共计达到 14 亿美元。最令人不安的是，1993 年，苹果在美国 PC 市场的份额是 14%，到 1996 年下降到了只有 6% 多一点。[7] 苹果的高定价以及竭力保持库存也是造成市场份额下降的部分原因。但是更为重要的是，苹果的电脑失去了动力。苹果的电脑竞争力越来越不及 Wintel 电脑——使用微软 Windows 和英特尔微处理器的电脑。[8] Mac 机的操作系统开始老化，它的微处理器——IBM 的 PowerPC——在原始性能方面，以及在笔记本电脑的电池寿命方面，无法和英特尔的芯片相比。

乔布斯的策略是围绕英特尔的微处理器开发下一代麦金塔电脑，这是一个巨大的赌注。PowerPC 的弱点显而易见，已经存在了一段时间。英特尔的芯片可以提高麦金塔电脑的性能，对于有些用户同样重要的是，能够允许他们在苹果电脑上运行 Windows 和 Mac 机的软件。但是采用新的微处理器不是简单地用一个芯片代替另一个芯片。苹果不仅要改写操作系统，以便能在英特尔的芯片上运行——这个工作在乔布斯回归苹果后不久就开始秘密进行了，这就是 OS X 的第一个版本——同时麦金塔电脑的开发者，包括在苹果工作的人，必须改写应用软件以利用新的处理器提供的性能。总体来看，重新设计硬件和软件会花费苹果将近 10 亿美元，而那个时候公司研发的总投入不到 5 亿美元，利润仅有 2.76

亿美元。[9]

苹果已经通过谈判进行过一次成功的转换，在1994—1995年将摩托罗拉68000系列微处理器转换为PowerPC芯片。但是转换架构是有风险的。即使技术转换很顺利，苹果也可能在吸引潜在客户上遭受短期的打击，他们不想购买淘汰的Mac机，于是推迟购买，直到装有英特尔芯片的电脑上市。（乔布斯在2005年6月宣布要进行转换，苹果大会的一项调查发现，这份声明造成1/3的潜在购买者在未来12个月内不愿意购买Mac机。）[10]长期看来，一旦消费者意识到需要更换老旧的软件，苹果面临的危险就是消费者会从这条船上跳走，全部到一个新的平台上去。[11]正如一名分析师所警告的那样："我不知道以苹果的市场份额，是否能够再一次在转变架构中活下来。他们每次做这件事情的时候，都会丢掉更多消费者（和开发者）。"[12]

乔布斯很了解这些风险，但是他同时也知道在技术与市场份额方面，苹果已经不幸地落在Wintel竞争者的后面。如果想要有任何成功的机会，苹果必须打破现有的平台，尽量实现跨越式的发展。这个局面证明了首席财务官弗雷德·安德森所说的"破釜沉舟"的战略。他说，一旦苹果决定要转向英特尔，那就"没有回头路"。[13]乔布斯的做法可能使苹果高管们大为心痛。但是，他愿赌的决心再次见到效果。2006年，以英特尔芯片为基础的MacBook手提电脑推出，这成为公司历史上最热卖的麦金塔电脑。[14]总体来说，麦金塔电脑在接下来的5年内市场份额翻了一倍。[15]

有时，乔布斯对待风险的方式近乎傲慢。他对于进入零售分销的决定就是一个明证。负责启动苹果商店的罗恩·约翰逊说，零售“完全不在他的技能范围内”。尽管乔布斯缺乏零售领域的专业知识，但这没有影响他将赌注押在建立单独的苹果商店的决心。约翰逊回忆，乔布斯说：“如果你相信某件事情是正确的，你必须要实现它。你不是要尝试。尝试是没有信念的人做的事情。”[16] 信念是乔布斯从不缺乏的。乔恩·鲁宾斯坦是 NeXT 的硬件工程主管，之后在苹果担任同一职位，他说：“史蒂夫承担的风险是我绝对不会承担的……这家伙有胆量——他做的决策并不总是对的，但是他能做出决策。”[17]

如果苹果的第一家商店失败了，财务上的影响会比较小，但是公共关系上的附带后果将是巨大的。之前的例子不是那么令人鼓舞。在那个时候，捷威电脑的乡村商店一败涂地。乔布斯将锐意推进他的零售计划。第一家苹果零售店于 2001 年在弗吉尼亚州的泰森斯角开始营业。那个时候，许多分析师预测这家店会失败，但是，10 年之后，它们每平方英尺的销量比美国其他零售店都要高。乔布斯这次赌赢了。

下大赌注做市场领袖

和乔布斯一样，比尔·盖茨在担任微软首席执行官期间下了一系列大的赌注。其中包括早期决定给 IBM PC 提供操作系统，尽管微软之前一直关注的是编程语言；在行业中多数人认为麦金塔电脑只是个玩具时，微软为其提供应用；尽管有来自 IBM 的反对，微软 10 年来一直致力于打造 Windows；盖茨给他的应用团队施压，“违反他们的意志”，在任何人都不知道 Windows 能否成功之前，为 Windows 写应用；还有 1995 年之后将互联网嵌入微软业务的各个角落。[18]

但是，盖茨最大的赌注是 1990 年决定终止与曾经给了微软巨大突破的 IBM 的合作关系。自从 1981 年 IBM 发布 PC 开始，微软与 IBM 一直紧密合作，扩大 PC 市场，推进 PC 技术。1985 年，它们签署了联合开发协议，打造下一代操作系统，两年之后 OS/2 发布。盖茨感觉就像与 IBM 结婚了一样。1986 年，他建议这个电脑企业巨头购买微软 30% 的股份。[19] 盖茨之后评论道：“IBM 说不的时候，是一个真正的转折点。‘我想要知道为什么他们说不？’”[20] 尽管如此，两家企业仍保持合作关系，在 1988 年发布了 OS/Z 图形用户界面，将其作为 PC 软件“未来的平台”进行兜售。

在这期间，盖茨最大的担心一直是微软与 IBM 的关系会破裂。当时操作系统部门的负责人保罗 · 马里兹说：“我们过去经常去参加高管聚会，列出噩梦情形是什么样的，第一号噩梦一直都是与 IBM 分手。”[21] 后来的 MSN 主管拉斯 · 西格尔曼解释说：“由于与 IBM 的关系，微软早期的成功是在预料之中的，双方的关系和依赖很深。我们担心分手会使 IBM 想要杀了微软。”[22] 他补充道：“IBM 的触角伸入每个大企业之中，如果他们愿意，就可以发动全面战争。”[23] 对于微软来说，这是一个可怕的景象。30 多年来，IBM 一直是电脑产业的大猩猩。它为每一代电脑设定标准，从大型机到微机到 PC。1990 年，IBM 有 690 亿美元的收入，60 亿美元利润。相比而言，微软就像条小鱼，只有 10 亿美元收入，利润不到 3 亿美元。

但是，微软慢慢地积攒了资产，使得它在拆分后也能生存下来。1985 年，微软独立于 IBM 发展，推出了 Windows 的第一个版本，将图形用户界面叠加在 DOS 之上。微软也成为麦金塔电脑应用软件领先的开发者。一开始，盖茨在做这些冒险时都是小心翼翼，担心会遭到 IBM 的强烈反对。但是在 1990 年春，情况改变了，微软发布了 Windows 3.0，这是首次获得广泛赞誉的 Windows 版本。到了年底，微软已经销售了 200 万份 Windows 3.0，第三方开发者也为这个新的操作系统写了几百个应用。基于这次成功，盖茨和他的团队决定不再多头下注，转而集中于开发 Windows，放弃 OS/2。直到 1991 年 1 月，盖茨和史蒂夫·鲍尔默仍然公开支持 OS/2。[24] 在幕后，盖茨试图与 IBM 进行谈判，延长合作关系。但是 IBM 要求 Windows 采用与 DOS 一样的条款——永久的低成本、无使用费的授权。面对这样的要求，“盖茨说了‘不’，”马里兹回忆说，“盖茨愿意承担企业一号噩梦情形的风险，全力支持 Windows”。[25]

从来不顺利的两家企业的合作在接下来的两年内分崩离析，1992 年 6 月正式终止，IBM 全面接管 OS/2。微软一直害怕的分手终于发生了，但是没有产生恐怖的后果。Windows 3.0 建立了微软在桌面电脑领域的主导地位，随着 1992 年 Windows 3.1 的发布和 1995 年 Windows 95 的发布，这个地位得到巩固。在将近 20 年的时间里，Windows 保有 PC 操作系统市场超过 90% 的份额，也产生了微软近一半的利润。尽管 IBM 在 90 年代早期大力推广

OS/2，公司新任首席执行官郭士纳最终决定带领公司避开 PC 业务。OS/2 仅仅获得了小范围的受众，IBM 在 2005 年停止了销售。

在改变产业格局上下大赌注

作为行业领导者不是一件小事，但是安迪·格鲁夫最大的赌注可能比比尔·盖茨对 IBM 发起的挑战更为大胆。20 世纪 80 年代中期，他打赌英特尔能够迫使半导体行业产生结构性的改变，也会推动 PC 行业的改变。直到那时，每家电脑和电子企业都坚持采用多个供应商来提供关键零部件，以保证价格竞争和可靠供给。这就意味着半导体企业需要将其设计授权给竞争企业。正如英特尔前首席执行官戈登·摩尔所说："我们需要多个来源的 CPU 来取胜，因此，我们（合作的企业）有超微半导体公司、富士通、西门子以及其他企业。"[26] 英特尔授权 12 家企业制作 8088 微处理器，为最初的 IBM PC 提供驱动力。结果是，它只获得了根据自己的设计生产的微处理器收入的 30%。1982 年，下一代微处理器 80286 推出，英特尔将授权减为 4 家。尽管超微半导体公司是唯一一家批量生产的授权商，英特尔仍然需要将相当一部分收入和利润与竞争者分享。"我们丢掉了许多利润，什么回报也没有。"摩尔抱怨道。[27]

相比而言，英特尔的授权商获利很多。汤姆·邓拉普是英特尔当时的法律总顾问，据他所说，要获得许可的话，英特尔要求被许可企业提供"有形资产和作为第二货源的无形资产（比如钱和产品）"[28] 的组合。管理层相信，作为第二货源的无形资产对于

IBM PC 第一代微处理器而言是巨大的收入来源，因为每个消费者都想要第二货源，这就意味着第二货源极大地扩大了整体市场。因此，被授权方只能给英特尔提供相对较少的有形资产。但是，一旦平台架构建立起来，80186 和 80286 第二货源的价值就大大下降了。

英特尔花了 4 年时间和两亿美元打造了 80386。到了上市的时候，管理层热烈地辩论是否需要第二货源。邓拉普说，最终格鲁夫决定，第二货源“是最小的无形资产价值，英特尔需要完全的有形资产才能授权 386”。[29] 换句话说，被授权方要付比过去高得多的使用费。意料之中的是，潜在的被授权方拒绝接受新的条款。格鲁夫之后写道：“我们的竞争对手拒绝为之前几乎是免费拿到的技术付钱。”[30]

因此格鲁夫和他的管理团队决定是时候单干了。他们没有回去找超微半导体公司，摩尔说：“我们跟 IBM 说，我们不需要让超微半导体公司成为我们的第二货源。”“取而代之的是，我们会在新墨西哥州另建一家工厂。我们想自己来做，即使没有办法满足市场需求。这是我们首次成为 CPU 的唯一生产商。”[31] 但是 IBM 对 386 不感兴趣，而且对于总体需求表示严重担忧。据格鲁夫说，1985 年“距 386 量产还有一年，IBM 已经将其定位为小众产品，只承诺每年购买 7000 件”。[32] 另外，IBM 内部也有开发自己的微处理器的计划。在几年之后的一次采访中，一位 IBM 的高管透露，企业希望使用自己的 CPU（后来叫作 PowerPC），以便将英特尔从等式中去除。”[33]

尽管这样，英特尔继续前进。因为IBM不再购买，它转向了IBM PC的一个主要克隆厂商康柏，向其展示80386可以在新的PC产品线上使用。那个时候，不与IBM一起向前推进是一个大胆的——有的人可能会说是有勇无谋的——决定。没有IBM这个市场领导者的支持，很难预测新芯片的需求，英特尔必须在需求明确之前投资于生产。反思一下，格鲁夫评论称如果386失败了，“英特尔塑造行业的能力会减弱”。[34] 格鲁夫梦想中的水平行业结构可能永远不会实现，至少英特尔不会扮演领导的角色。另外，未使用的产能可能会导致利润剧减。许多高管觉得坚持过去的安全策略是很有吸引力的，但是，正如当时负责英特尔销售的弗兰克·吉尔所说：“安迪·格鲁夫有狮子般的勇气。”[35]

这个勇气获得了回报。康柏的DeskPro 386于1986年首秀，展示了新的386芯片。这是第一个非IBM设计的PC，将技术平台向前推进。IBM让步了，7个月之后推出了自己的386 PC，但是，那个时候，康柏已经占据市场领导地位。在一场历时多年的法律之争之后，超微半导体公司终于在1991年推出了386芯片的克隆版。在这期间，英特尔作为市场领先的微处理器唯一供应商，已经收获了5年的经济利益。

尽管英特尔的80386开始时增长缓慢，但是作为唯一供应商的赌注对于格鲁夫和英特尔而言有决定性的意义。格鲁夫多年之后反思这一步时，认为这是英特尔历史上的一个关键转折点。格鲁夫奋斗了多年，寻求逃离这个悲惨的产业结构的方法：“我们认为12个（8086的第二货源）太多了，而且4个（6286的第二货源）也没有奏效。我们尝试提高使用费，其他公司嘲笑我们没有生意做，他们认为我们会垮掉。”最终，英特尔决定采用唯一供应商的战略，回应一系列机遇与战术互动，而不是一个高层计划的结果。在回顾的时候，格鲁夫认为这个决策是“丰碑式的”。[36]

格鲁夫之后沉思：“任何一家企业在历史上都有那么一个时刻，你需要大幅度地改变才能提升到另外一个层次。错过了那个时刻，你就开始下滑。”[37] 对于386唯一供应商的赌注就是格鲁夫与英特尔的“那个时刻”；对于盖茨和微软来说，“那个时刻”就是决定推进Windows，并且在OS/2上与IBM分道扬镳；对于乔布斯和苹果来说，则是通过一系列步骤来开发麦金塔电脑，并且通过持续地改善架构来保持其生命力（从摩托罗拉68000到PowerPC，然后到英特尔的微处理器），一直到公司摆脱PC产业，重新集中于消费电子。

迪伦和毕加索总是冒着失败的风险。苹果对于我的意义也是如此。当然，我不想失败……如果我尽最大努力但失败了，那么，至少我尽了最大努力。[38]

——史蒂夫·乔布斯（1998）

不要赌上公司

大赌注可能是每一位首席执行官或者企业家可以采取的最重

要的战略行动了。但是并不是每个大赌注都能赢。即使是最优秀的战略家也会犯错误。未来几乎从来不会像你期望的那样。所以一旦下赌注，你就需要将潜在的负面影响控制在可接受的范围内。盖茨、格鲁夫和乔布斯（在他第二次入主苹果时）能接受的风险是许多首席执行官无法忍受的，但是他们没有在任何一个举措中将公司全部赌上。与之相反，他们计算好时间，将最大的赌注进行分割，以便降低他们每次必须面对的风险。

史蒂夫·乔布斯有时会将鲁莽转变为一种艺术，即使是这样，他也知道赌上公司不是一个好主意。一般来讲，乔布斯不相信要多头下注。乔恩·鲁宾斯坦告诉我们说："从来没有备选方案。史蒂夫只有一个方案，我们需要执行这个方案，这就要求你永远要交付这个方案。"[39] 1985 年，乔布斯因在麦金塔电脑上下的巨大赌注而遭解雇，那时，他似乎完全无视风险。比如，乔布斯在打造 Mac 机时，完全无视苹果其他的业务，他抢走了苹果二代和丽萨团队的资源和人员。苹果早期的一位工程师安迪·赫兹菲尔德回忆了在 1981 年与乔布斯谈论他有兴趣参与 Mac 机项目的事情。赫兹菲尔德要求给他几天来交接一下他在现有项目上的工作——苹果二代新版本的操作系统。乔布斯回答说："你这是在浪费时间！谁在乎苹果二代？苹果二代几年之内就会死掉。你的操作系统在完成之前就会被淘汰。麦金塔电脑是苹果的未来，你现在要立刻开始新的工作！"乔布斯探身过去，拔掉了赫兹菲尔德正在用的苹果二代的电源，让他丢掉正在写的代码。乔布斯告诉赫兹菲尔德跟他走，他拿上自己的电脑，装到车的后备厢里，开车带着赫兹菲尔德到 Mac 机团队的新办公室去了。[40]

但是有讽刺意味的是，正是由于苹果二代的成功，乔布斯才能在麦金塔电脑上下赌注，而不至于赌上整个公司。到了 1982 年年底，苹果已经卖掉了 60 万台苹果二代电脑，是 PC 行业中最大的保有量。[41] 尽管工程师的资源越来越多地转移到 Mac 机上（这是苹果的联合创始人史蒂夫·沃兹尼亚克很懊恼的一件事情），苹果继续推出苹果二代的新版本，包括 1983 年 1 月推出的 IIe。在 1984 年 Mac 机上市前不久，苹果 IIe 的销售数量达到了每个月 75000 台，使得苹果的保有量达到了 200 万台 PC。[42]

公司内部对苹果二代和 Mac 机的关系并非视而不见。一天晚上，苹果公司附近的一家酒吧里发生了争吵。一位在场人士说："Mac 机的人叫道：'我们才是未来！' 苹果二代的人尖叫着：'我们在挣钱！'"[43] 两方说得都对，苹果二代稳定的收入流使得苹果可以在麦金塔电脑初期销售低迷的情况下持续对其大力投资。尽管 Mac 机有着行业历史上最为引人注目的发布，但由于性能欠佳，缺少兼容软件，早期的购买者很少。如果没有苹果二代的持续成功，苹果可能已经无法存活。到 1985 年 9 月 Mac 机的累计销售量刚刚突破 50 万台，一直到 1987 年 3 月才突破 100 万。[44] 到了 1985 年，苹果二代产品线持续占有公司收入的 70%，在 1987 年的大多数时间，销售量都比 Mac 机要多——这给了苹果改善麦金塔电脑并吸引开发者写应用的时间和资金。[45]

调整赌注的时间

有了麦金塔电脑，乔布斯无意中避免了赌上公司。但是他从这件事中似乎学到了关键的一课，这在15年后他究竟要转向英特尔芯片还是坚持使用PowerPC的选择之中得到了体现。自从乔布斯重回苹果，英特尔一直试图说服他使用自己的技术，但乔布斯一开始是犹豫的。到了90年代后期，苹果对于麦金塔电脑收入的依赖程度很高，以至于任何对于Mac机销售的破坏都会让公司毁灭。麦金塔电脑和软件的销售占了企业收入的80%。此外，尽管英特尔非常想要争取到苹果，但它没有给出有吸引力的条款。鲁宾斯坦说那个时候与英特尔做生意“很恐怖”。[46]

到了2005年6月，乔布斯在一次开发者大会上宣布，苹果将转向使用英特尔的处理器，情况发生了巨大的改变。iPod是2001年上市的，其销售在2004年开始规模化，这大大减少了苹果未来对于麦金塔电脑销售的依赖。在苹果最终决定转向英特尔的前两个季度，销售了1000万台iPod。[47] 这不仅为苹果提供了资金储备，也帮助乔布斯在一个有力的地位上与英特尔谈判。

正如那个夏天一位行业分析师所评论的那样：“iPod的销售呈现爆炸式的增长，Mac机的销售产生了很明显的晕轮效应，很难想象苹果是否还有更好的时机采取这个有风险的行动。”[48] 2005年的最后三个月，苹果销售了1400万台iPod，这是上一个假期季度销售数量的三倍，企业年收入增长63%。[49] iPod的成功保护了公司免受Mac机销售数量可能下滑的影响。2006年，苹果完成了向英特尔技术的转移，iPod 继续支撑其增长。那时，企业不到 40% 的收入来自麦金塔电脑业务，苹果音乐业务占了剩余收入的绝大部分。[50]

风险多样化

苹果财务上的脆弱性迫使史蒂夫·乔布斯将对于英特尔技术的赌注推迟到时机成熟，而微软自 80 年代中期起就有着强劲的现金流。因此，比尔·盖茨可以下大赌注，而没有破产的风险。尽管如此，他缓和了企业面临的风险，通过扩展和丰富微软的商业模式来降低风险，也增加了他下大赌注的能力。

在微软早期的发展过程中，盖茨通过开发如 Word 和 Excel 这样的应用软件为微软提供了第二个现金流，减少了企业对于操作系统业务的依赖。另外，他使得微软的应用不仅用于 Windows 和 OS/2，也用于竞争对手的平台之上，包括苹果的麦金塔电脑。乔恩·雪莉承认，盖茨没有立刻抓住这个战略的优势，但是一旦抓住，他就果断采取行动："比尔错过了最初的 IBM PC 的应用业务，但是麦金塔电脑造成的不连续性给了微软赢得空间的机会。"[51]

通过写应用，特别是为其他平台写应用，即使是 Windows 失败了，OS/2 或者苹果胜出，盖茨也能确保微软仍然有一个健康的业务。这项战略在使 Windows 逐渐赢得市场份额的同时，也保证企业的选择是开放的。尽管盖茨相信 Windows 最终会打败 OS/2，但他不确定这需要多长时间。1993 年盖茨与波士顿电脑协会进行了会谈，回顾打造 Windows 的决策，他坦言："微软将企业赌在图形用户界面上……（但是）图形用户界面跻身主流所用的时间比我想象的要长。”[52] 因此在等待的时候，他尽量避免与 IBM 决裂。雪莉后来披露，盖茨甚至留了一扇门进行“共同迁移策略”：如果 OS/2 非常成功，他准备让微软所有的应用都在 OS/2 上运行。[53]

把赌注分散在不同的时间段上

盖茨对于他在 Windows 上的赌注需要多少时间能看到结果几乎没有什么控制能力。相比而言，安迪·格鲁夫故意控制单一货源战略的时间，以降低风险。从长期来讲，英特尔致力于为全世界提供微处理器，这需要几百亿美元的资金投入。但是，最初公司只是投资了一小笔钱。随着英特尔准备生产 386 微处理器，格鲁夫将企业投资于一家新工厂的建设。在建设新工厂的两年里，英特尔的资本支出从未超过历史平均值。在准备生产 386 之前的 10 年里，英特尔定期将收入的 15%~20% 用于资本支出。新的芯片推出 4 年后，资本支出占到收入的 13%~16%。在英特尔生产和销售 386 的过程中，也有同样的限制。到了 1988 年，386 芯片占英特尔收入的不到一半。1989 年，386 开始生产的 4 年后，286 芯片与 386 芯片销售比大于 2∶1。[54] 到了 1992 年，格鲁夫决定扩大生产，巨幅增加资本支出，作为单一货源决策的风险一直潜伏在公司中。

当然，格鲁夫并不是所有的赌注都有好的结果。一个著名的例子就是 90 年代早期一个与惠普合资的安腾项目，以打造新的“64 位”微处理器。我们在第三章将谈及，这个项目是几年后的事情，其销售从来没有达到期望。但是安腾并没有消耗过多的资源，因此没有将英特尔或其主要的产品线置于危险的境地。

一个警示性的故事：诺基亚对于 Windows 的赌注

诺基亚对于 Windows 的下注时运不佳，这有力地证明了赌上企业的危险。1999 年，诺基亚是欧洲最有价值的企业，市值 2000 亿欧元（约为 2500 亿美元）。之后的 10 年，诺基亚主导了全球的手机产业。2010 年，iPhone 推出 3 年后，诺基亚仍然占有智能手机 37% 的市场。但是 10 年来的糟糕决定侵蚀了诺基亚，它没有将塞班操作系统转换为真正能与苹果的 iOS 或者谷歌的安卓相竞争的操作系统。它也放弃了美国市场，而美国后来成为世界第一大智能手机市场。随着诺基亚的销量和股价下跌，其首席执行官史蒂芬·埃洛普在 2011 年 2 月公开承认："我们落后了，我们错过了大趋势，我们也失去了时间。"[55] 3 天之后，埃洛普宣布诺基亚将未来赌在他之前的雇主微软身上。埃洛普没有跳上安卓的花车，或者多头下注，为多个软件平台开发手机，而是将诺基亚进行区别化的发展，专注于 Windows。仅仅 10 个月，埃洛普灾难性的决定带来的后果就已显现：诺基亚的塞班系统手机销量暴跌，Windows 手机也没有腾飞，到了 2013 年，只占有不到 4% 的市场份额。销售下滑，损失增加，诺基亚的市场价值从埃洛普宣布之始的大约 40 亿欧元（约 52 亿美元）下跌了 90%。陷入绝望中的埃洛普在 2013 年 9 月将诺基亚核心的手机业务以 54 亿欧元（约 70 亿美元）的价格卖给了微软。

乔布斯的商业原则之一是，永远不要害怕蚕食自己。“如果你不蚕食自己，其他人就会吃掉你。”他说。[56]

——沃尔特·艾萨克森（2011）

蚕食你自己的业务

下大赌注通常需要愿意蚕食自己的业务。这个原则可能看起来很明显，却难以执行。既有外部障碍，也有内部障碍。蚕食自己的业务意味着用已知的成功去换未知的将来；用高利润的销售去换未知的利润；甚至是用西瓜换芝麻，特别是在高科技的世界里，商品化到来得十分迅速。更糟糕的是，自相蚕食在一个组织内部制造了赢家和输家。如果一个新产品团队把旧产品团队中的销售量带走，那么它的星级就会上升，对方就会下降。

面对这些挑战，许多管理人员找借口避免自相蚕食。相比而言，伟大的战略家欢迎甚至有时寻求加速这个进程。比如，在英特尔，淘汰自己的产品已经成为企业战略中不成文的规定。在整个 90 年代，安迪·格鲁夫一直告诉他的董事们，给竞争对手增加收入或者自己抓住收益，二者选其一，答案不言自明。前微软高级开发人员克里斯·彼得斯记述了类似的事情：“比尔总能明确状况并且将其内化，就是说你（必须）……彻底地改变并且真正有大计划……一个经典的例子就是，DOS 做得不错。（我们本可以说）‘我们做新版本的 DOS 吧。为什么要做 Windows 呢？’”[57] 但是这就会给 IBM 或者苹果留下一扇挤掉 DOS 的门。微软没有冒这个风险，而是决定自己来建立一个 DOS 杀手。

成为你自己的替代物

史蒂夫·乔布斯有时会将这个方法用到极致。唐娜·杜宾斯基是苹果早期的员工，后来成了 Palm 公司（美国著名手持设备制造商）的首席执行官。她回忆说，在 80 年代，乔布斯对于发布新的点阵打印机的态度是孤注一掷。在一次准备会上，杜宾斯基建议降低旧款菊轮式打印机的价格，两种打印机同时销售，这样消费者就可以在便宜的老产品和昂贵的新产品之间选择。这能够使苹果用适度的成本清理淘汰的库存。但是乔布斯甚至都不等她说完就打断了她的报告，说苹果应该报废老旧的库存，只销售最新的产品。[58]

与此相似的是，2005 年，乔布斯坚持要在推出 iPod Mini 的接档产品 Nano 之前淘汰 Mini。尽管对于 Mini 的需求仍然巨大，乔布斯仍然想要在市场验证之前转向下一个设备。乔布斯的做法不是继续销售 Mini，让下一代产品逐渐赢得市场，而是下令立刻淘汰 Mini。乔恩·鲁宾斯坦回忆道："我们必须要在圣诞节时推出 Nano，这是一个风险很大的项目。史蒂夫预先 6 个月指示我停掉 Mini。如果我没有赶上时间表的话，可能就没有 iPod 业务了，因为我们会错过圣诞节。"[59] 幸运的是，鲁宾斯坦赶上了，他把这描述为"奇迹"。Nano 的销量呈爆炸式增长，证明乔布斯的预感是正确的。"这种事情一直都在发生，"鲁宾斯坦回忆道，"史蒂夫会赌上所有的筹码——他会把所有的筹码都推到桌子中间，然后说‘随它去’。”[60]

赌注一个接着一个。很快，轮到 iPod 了。即使 iPod 的销量在 2005 年冲顶，乔布斯仍然警告苹果的董事会：“能够吃掉我们午餐的设备是手机……每个人都有一部手机，因此（将音乐播放器嵌入手机里）可能使 iPod 变得不必要。”[61] 乔布斯相信智能手机会淘汰 iPod，他决定苹果应该制造手机。

乔布斯把苹果翻了个底朝天来发布 iPhone。iPhone 就像 80 年代的 Mac 机和 2001 年的 iPod 一样，是公司产品中的重中之重，也聚集了苹果的精英团队。为了赶上一个雄心勃勃的时间表，iPhone 团队搜罗了苹果内部其他团队的人才，特别是 Mac 机软件开发团队，并且因此推迟了 Mac 机 OS 最新版本的发布。[62]

乔布斯在 2007 年 1 月揭开 iPhone 的面纱，他推销的方法是介绍其为 iPod、手机和互联网通信设备的结合体。事实上，他管 iPhone 叫作“宽屏带触控的 iPod”以及“我们生产过的最好的 iPod”。[63] 因此，几乎没有什么人会同时买 iPhone 以及全尺寸的 iPod（除非 iPhone 装不下他们拥有的音乐）。取而代之的是，他们可能会购买更小的、更便宜的 iPod Shuffle 或者 Nano。为了缓冲丢失 iPod 业务的经济冲击，苹果把 iPod 的价格算入 iPhone 之中。乔布斯宣布 iPhone 的价格时解释说，这结合了最受欢迎的 iPod（199 美元），以及一个典型的智能手机的价格（他估计是 299 美元）。这就意味着基本款的 iPhone 价格是 499 美元，更大存储空间的更高端机型价格更高。（分析师和消费者立刻抱怨相比其他智能手机来说价格太高。苹果发现其不得不屈从于批评，几个月后，将 iPhone 8GB 机型的价格从 599 美元降到 399 美元，并且淘汰了较便宜的 4GB 机型。）

iPhone 在 18 个月内获脱颖而出，在这个过程中，它蚕食了 iPod 业务。苹果在 2007 年 6 月发布 iPhone 后，iPod 的出货量趋于平稳。2007 年最后一个季度至 2008 年最后一个季度，iPod 的销售仅增长了 3%。到 2012 年第三季度，iPod 的销量额是 8.2 亿美元，这是自 2005 年以来首次低于 10 亿美元，而同一季度的 iPhone 销售额超过了 170 亿美元。[64]

iPhone 上市三年后，轮到 iPad 来蚕食其业务了。尽管初期的评论不温不火，即使用苹果的标准来看，iPad 也获得了巨大的成功。第一个月销量达到 100 万台，到了 2011 年 3 月，也就是 iPad 发布后 9 个月，达到了 1500 万台。[65] iPad 也侵蚀了 Mac 机的销售。2011 年 7 月，苹果的首席运营官蒂姆·库克告诉分析师："有些消费者选择购买 iPad 而不是 Mac 机。"从好的一方面说，他补充道："他们甚至更加坚定地购买 iPad 而不是 Windows PC。比起 Mac 机，有更多的 Windows PC 有待蚕食。"[66] 从 2011 年 4 月到 6 月，Mac 机手提电脑的销量基本上稳定在 280 万台，而苹果卖出了 900 多万台 iPad。从收益的角度上来讲，iPad 的销售额超过了 Mac 机台式机与手提电脑之和。[67] 乔布斯自相蚕食的大赌注又一次成功了。

控制自相蚕食的节奏

对于苹果来说，自相蚕食通常是在企业推出新产品时出现的。

但是，对于英特尔来说，自相蚕食就是一种生活方式。公司的建立就是基于这样的想法，自相蚕食不仅是不可避免的，还应该快速进行。摩尔定律预测半导体的性能大概每两年升级一次。这意味着每一代产品都有固有的淘汰时间。即使是在被淘汰之前，残酷的竞争也会造成价格大跌。

在这种环境中生存与发展的关键在于学会推动与管理自相蚕食，而不是由运气来决定其节奏。保罗·奥特里尼在90年代早期担任格鲁夫的技术助理，后来成了英特尔的首席执行官，他在2000年的一次采访中评论道："我们坚定地相信，对于我们来说，最佳的商业模式是获得大的市场份额，因为这样可以管理转型。英特尔商业模式的关键是蚕食自己的产品线。"[68] 在1993年的SLRP报告中，格鲁夫展示了一张图，新的微处理器吞食上一代微处理器，以此解释此理念。

但是，即使企业建立于自相蚕食的理念之上，管理这个过程的战略也可能引发争议。有一个例子，就是格鲁夫最有创意的一步——决定为微处理器打造品牌。在80年代中期之前，微处理器从来不是一个品牌产品。但是试图将286芯片放到一边，推广新一代的386时，格鲁夫与前技术助理丹尼斯·卡特推出了"红X"计划。英特尔在全美发行的报纸上打了满满一页的广告，用喷漆的红色X来展示286。这些广告后面的一页就是一整版兜售386SX的广告，口号是："用286系统的价格获得386的性能。"目的是让消费者产生对于配置386芯片的电脑的需求，而多数PC厂商只是缓慢地采用新的芯片。

“红X”计划的成功使得他们更加大力地推广486和奔腾芯片，以及更广泛地树立企业本身“内置英特尔处理器”的品牌。格鲁夫是这样描述内置英特尔处理器的：

这是业界规模最大的一次宣传——事实上，它展示出巨大的消费者营销活动的成功。它的目标是向电脑用户提出，微处理器……就是电脑……到了1994年，我们的研究表明英特尔已经成为消费者认可度最高的产品标识之一，与可口可乐、耐克这样的名字齐名。[69]

内置英特尔处理器在公司内部远没有那么受欢迎。自相蚕食本身不太会带来担忧，但是品牌建设受到了许多管理人员与董事会成员的深深质疑。英特尔的“芯片负责人”多数是工程师和科学家，他们相信出众的工程与绝佳的产品会取得成功。格鲁夫回忆他第一次将卡特的预算中的5000万美元投到品牌广告上的时候，英特尔董事长戈登·摩尔和之后的首席执行官克瑞格·贝瑞特在格鲁夫度假的时候把钱拿了出来。[70]（格鲁夫后来非常生气地收回了这笔钱。）尽管在90年代早期品牌宣传活动造了声势，英特尔的首席财务官一直争辩称广告永远看不到回报，是金钱上的巨大浪费：半导体就是半导体，最终应该通过最佳的产品和最低的价格获胜。[71]

同样重要的是，英特尔的许多客户比如IBM和康柏这样的电脑制造商，反对这项宣传。他们问，为什么要让一个供应商来告诉他们的消费者买哪个PC？比如，IBM想要继续销售286电脑，它最不想要发生的事情就是英特尔告诉消费者要升级到 386 电脑。即使康柏在 386 的活动中获利，也反对内置英特尔处理器。在 1994 年的一次业界会议上，康柏首席执行官艾克哈德·帕菲弗生气地宣布："我要向英特尔讲明三点：不要将产品和价格强加于我们，不要成为我们的竞争对手，不要标明'内置英特尔处理器'。"[72] 尽管这样，格鲁夫坚信品牌宣传——即使是集中于很少有消费者会看到的一个元件——会导致消费者要求内置英特尔处理器的电脑。他是对的。

业务的基本面发生深刻的改变时，（现有的管理）必须要有外部人士心智上的中立性……不被过去的情感依恋所牵绊。[73]

——安迪·格鲁夫（1996）

止损

到现在为止，我们已经集中讨论了具备下大赌注的刚毅性格的重要性，以及有将赌注与企业承担风险能力进行匹配的智慧的重要性。如果新信息或者新情况扰乱了你的计划会怎么样？即使是伟大的战略家也无法预测未来。任何人都会犯错误，盖茨、格鲁夫和乔布斯也不例外。他们每一个人都曾经下过糟糕的赌注，或者犯了可能大大削弱企业的错误。但是，面对死胡同的时候，他们三人都能承认错误，也拥有止损的灵活性。正如他们的同事评论的那样，盖茨、格鲁夫和乔布斯"心智诚实"。[74] 承认错误对于他们任何人来说都不容易，但是做到这一点与改变航向的能力是他们区别于业绩平平的首席执行官的关键特质。

承认错误

安迪·格鲁夫在担任首席执行官时面对过一个重大的灾难。1994 年感恩节前不久，一位数学教授发现了英特尔新的奔腾处理器中的一个错误：一个小的设计缺陷导致一个大数除以另一个大数时会有舍入误差。工程师的结论是这样的舍入误差大概 90 亿次计算中才会出现一次。普通的电子表格用户每 27000 年才会遭遇一次这样的错误。英特尔的高管认为这个错误太小了，而且太不引人注目了，所以不太可能是一个紧急的问题。英特尔可能会为执行关键任务的电脑用户更换主板，比如为航天飞机的发射编程，否则公司将在下一个版本的奔腾处理器中修复这个问题。

但是消费者不这么看这个问题。错误就是错误，英特尔应该为购买了带有奔腾处理器的电脑的每位消费者修正这个问题。这个辩论首先转移到了美国有线电视新闻网，然后是美国主流报纸，最终到了几乎全世界每一家媒体上，这样一个很小的问题成了轰动一时的事件，变成了公关危机。在与英特尔董事会的电话会议上，格鲁夫重申了他的公开立场：没有一个电子计算设备是完美的，因此英特尔应该坚守立场。但是之后，IBM 将对于英特尔的攻击升级，宣布停止采购奔腾处理器。“地狱所有的门都打开了。”格鲁夫如是说。[75] 英特尔最大的一个客户不再销售它的新产品了。如果其他客户都跟风的话，英特尔将受到无法挽回的损失。

作为董事会成员，大卫·尤费在IBM发布消息后立刻给格鲁夫打电话。格鲁夫的助理告诉他首席执行官目前不方便说话，不接任何电话，也不回任何电话。大卫愕然了。在一场危机之中，首席执行官不愿意和他的董事会谈话？随着危机加深，格鲁夫隐退到一个虚拟的地堡之中，几乎不与任何人谈话。但是，在IBM发布消息的5天后，现在担任英特尔首席营销官的丹尼斯·卡特，跟格鲁夫进行了一对一的通话。卡特告诉格鲁夫他正在毁掉这个品牌，毁掉英特尔之前5年所建立的客户信誉。现在谁对谁错已经不再重要了。客户会用脚投票。身心俱疲的格鲁夫妥协了。三天之后，也就是危机开始的6周后，英特尔在美国主流报纸上刊登了整版的广告，为最初处理奔腾处理器缺陷的方式道歉，并且为每一个奔腾处理器的消费者提供一个新的主板。[76]

这个4.75亿美元的销账是格鲁夫较好的投资之一。他公开承担责任，重拾了消费者对于英特尔产品的信心。几乎是立刻就看到了消费者对于奔腾的需求爆棚。有讽刺意味的是，这场危机将“奔腾”变成了家喻户晓的名字，正如“新可乐”（New Coke）发布时面对的消费者抗议风暴的结果一样。Windows 95在8个月之后推出，英特尔经历了年景最好的一年。在危机解除后，英特尔12个月中收入增长40%，利润上涨56%。

勾销沉没成本

在微软，可能比尔·盖茨最大的错误是没有在1993年或者1994年认识到互联网的重要性。到了1995年，盖茨认识到互联网是一股无法阻挡的力量，网景等企业已经抓住了世界的想象力，并且在互联网软件市场上已经拔得头筹。同时，微软在线上业务方面已经投入巨资，包括微软网络服务以及其他内容服务，比如MSNBC，这是微软和NBC合资的项目。1995年8月MSN上线之前，盖茨告诉MSN的负责人拉斯·西格尔曼："我最关注的不是短期的财务回报，而是微软青肿的眼眶。"[77] 当时的执行副总裁史蒂夫·鲍尔默预计公司会在接下来的三年中在MSN和相关业务上损失10亿美元。[78]

MSN为用户提供拨号接入私有网络的服务，里面提供MSN专有信息、娱乐以及购物服务，还有电子邮件、新闻组、聊天室等。MSN提供互联网接入服务，但是这个服务并不是建立在互联网协议的基础上的。支撑这个网络的基础设施是基于过去一个叫作x.25的通信标准。微软在全球花了大价钱与电信企业签署协议，提供x.25网络的拨号服务。但是其战略的真正关键在于营销。通过将MSN与Windows 95捆绑销售，微软能够免费连接几百万潜在的消费者。

遗憾的是，到了MSN首秀的时候，它已经过时了。私有网络服务已经盖棺定论。美联网和其他网络在80年代末与90年代初繁荣发展，当时互联网只是一个文本主导的准系统服务，并不是特别有吸引力，也不是很容易使用。他们提供策划内容与通信服务的方便接入，而当时还没有多少用户想要自己来探索互联网。但是随着1993年图形浏览器的推出以及网上免费内容的传播，互联网的使用开始增多。到了1995年，大概有1500万人上网，而且人数每年翻番。[79] 许多用户不是付高价浏览专属网上内容，他们更喜欢购买便宜的网络接入，自己上网浏览。

微软下了大赌注，可是赌错了。承认这样数量级的错误并不容易。但是值得称赞的是，盖茨在 1995 年秋认识到维护 MSN 的策略是错误的。前进的正确方法是忘记在 MSN 上投入的沉没成本，拥抱互联网，集中于占领网络浏览器市场。因此，在花费 2500 万美元建立专属的拨号基础设施后，西格尔曼说："我们淘汰了它。比尔从没说：'我们应该留下它，我们已经投了巨资。'这就像是说：'告诉 BT（英国电信公司）我们不打算用他们的网络。'"[80] 微软也放弃了专门为 MSN 设计的技术，比如打造先进的多媒体内容的工具。盖茨甚至牺牲了 MSN 最后一个潜在的优势——Windows 的专属发布——为的就是在浏览器大战中加速获胜。1996 年，为了回报美国在线独家推广 Internet Explorer 的协议，微软在 Windows 桌面上给了美国在线一个梦寐以求的位置。这些行动很快有了结果。Internet Explorer 在 1995 年占有浏览器市场的 3%，而网景 Navigator 占有 80%。到了 1998 年底，Internet Explorer 就成了市场的主导。[81]

接受可避免的事实

面对铺天盖地的互联网的破坏性力量，比尔·盖茨没有让微软陷入泥淖。与之相反，他改变了方向，顺势而为，获得了更大的成功。与此相似，史蒂夫·乔布斯尽管因固执而闻名，他也知道，一旦开发者"越狱"，以便能够运行苹果没有批准的软件时，也应该屈从于更大的力量。

乔布斯最初对于 iPhone 的愿景是提倡苹果自己来编写所有的应用。当时传统观点认为第三方应用可能会在网络中引入病毒，或者造成设备不稳定，影响用户体验，而这些是多数消费者不能接受的。尽管苹果的董事阿特·莱文森和高级副总裁菲尔·席勒敦促乔布斯开放平台，但他仍然非常坚定。2007 年 1 月 iPhone 发布时，乔布斯争辩说："你不想要自己的手机是开放的平台。你需要它好用的时候它就要好用。辛格乐（美国电话电报公司）不想看到某些应用作怪，导致西海岸的网络瘫痪。"[82] 乔布斯的理念是强调产品重于平台，这一点我们将在第三章讨论，与此理念相一致的是，iPhone 最初只有少数几个应用，包括短信、网络浏览、时钟、电子邮件和谷歌地图。但是，开发者很快更改了 iPhone 的软件，以便能够运行非授权的应用。乔布斯向不可避免的趋势低头，他在 2007 年 6 月宣布，第三方开发者允许开发 iPhone 的应用。一年之后，苹果应用商店开业，大约 550 家企业获批；三年之后，2 亿用户下载了 150 亿次可用的应用。[83]

如果乔布斯一直坚持自己的决定，不允许使用第三方应用，也许 iPhone 就注定只占有小众市场了。如果安卓和像 Windows 或者黑莓这样的手机操作系统在应用方面取得先机，乔布斯可能会错失重新定义智能手机行业的机遇。与之相反，随着智能手机越来越像商品设备，100 万针对智能手机设定的应用继续将苹果与其竞争对手分出优劣。通过确定接受开放平台的模型，乔布斯将之前曾经认为的弱点变成了 iPhone 最大的力量来源。

从大师那里学到的经验

大胆的赌注理论上说来容易，事后回顾时也很容易解释，但是在实际贯彻的时候却是难上加难。做出改变游戏的决策需要同时能够忍耐风险和不确定性，并且在知道可能自己错了的时候加以改正。盖茨、格鲁夫和乔布斯都具备这些品质，曾经与他们工作密切的人可以证明这一点。詹睿妮从格鲁夫的技术助理升迁至英特尔的总裁，她这样评价格鲁夫："他过去经常说：'我可能是错的，但是我并不糊涂。'很多人没有勇气去做这件事情。"[84] 艾维·特凡尼安对于乔布斯也有类似的评价："多数人会说，'哦，天啊，我不知道。这样有点儿冒险'。而史蒂夫会说，'我们要这么做，这会是很值得一做的事情'。"[85]

这样的果断是三位首席执行官拥有蚕食自己业务与下大赌注的能力的关键因素。决定推翻自己的业务可能是痛彻心扉的选择，但是如果巧妙地实施，这就是一个战略，甚至是一个理念，有可能带来丰厚的回报。微软、英特尔和苹果保持领先的重要因素是盖茨致力于在新的舞台取胜，即使这意味着削减现有的现金流；格鲁夫推动砍掉公司前一代的处理器业务；乔布斯聚焦于下一个产品，不论结果如何。

同样重要的是，在下了行业中最大赌注的同时，盖茨、格鲁夫和乔布斯都找到了如果没赌赢，如何避免公司破产的方法，计算赌注的时间，分散风险，或者将赌注分散到各个时间段。下大赌注不意味着要赌上公司，因为即使是最出色的战略家，总是有可能遇到一些事情——有的时候是所有事情——会出问题。一旦出现这样的情况，就可能很难恢复。失败经常会导致麻痹或者固执地拒绝承认过去的错误。但是盖茨、格鲁夫和乔布斯都理解降低损失并且向前进的重要性。他们严格要求周围的人，说到自己的表现时也是同样严格。心智上的诚实是他们成功的一个重要因素。

第三章

打造平台和生态系统，而不仅仅是产品

战略的执行分许多层面。首先是定义企业独特的价值主张、市场定位以及竞争优势。这是基本的战略思考，是第一课。但是，要想成为真正的战略大师，管理人员的思想要更为广阔。建立能够延续多年的竞争优势，需要超越一个公司范围的影响力。伟大的战略家，特别是技术市场上的战略家，不只是寻求打造好的产品甚至好的企业。他们的目标通常是建立行业范围的平台，打造一个广泛的合作伙伴生态系统，进行产品互补、技术创新，以及相关的营销、销售、服务与配送。

我们几乎每天在各种情景下都能听到“平台”这个词。我们在月台这个平台上赶火车，政治家基于竞选承诺或者理念的平台招募支持者，企业在平台周围建立相关产品——通过组件即可使用，不同的工程师团队不用再次设计基础架构。最近几年，我们听到过程序员为像微软 Windows、谷歌安卓和苹果 iOS 这样的软件平台写应用。

平台将个人和团体聚合到一起以实现共同的目标，通常也能获取一些共同的资源。这个定义也适用于比尔·盖茨、安迪·格鲁夫和史蒂夫·乔布斯所支持的平台。微软、英特尔和苹果建立行业平台，聚集使用者和企业，创造互补的产品与服务。这样的互补能够使平台更加有用，更加有价值，有的时候甚至是指数级的增长。但是，盖茨、格鲁夫和乔布斯是在不同的时间，采取不同侧重点获得了对于行业平台的理解。他们不同的方法反映了跨越“平台”与“产品”思想的一系列重点、微妙之处与权衡。

举例来说，1980 年，IBM 的高管来到微软，为新的个人电脑寻找操作系统。比尔·盖茨立刻想到了“平台第一，产品第二”。他保留向其他企业销售 DOS 和 Windows 的权利，从而使用操作系统为不同硬件企业制造计算机打造基础，这也是微软和其他软件公司制作互补的应用的基础。与之相比，安迪·格鲁夫又用了 10 年的时间理解行业平台与英特尔主要的产品——微处理器的重要性。对于史蒂夫·乔布斯，他的想法似乎一直是“产品第一，平台第二”，从 1978 年的苹果二代开始，到 1984 年的 Mac 机，一直到 2007 年的 iPhone。我们知道乔布斯理解行业平台的力量：他的确培养外部的软件企业以及其他公司来帮助他。他同样花费了很多年与微软竞争计算机行业的主导地位，尽管在多数观察家看来，苹果的麦金塔电脑绝对更具优势。但是乔布斯相信，创造生态系统合作不如保持严格的产品设计控制与用户体验更加重要。尽管苹果的产品越来越依赖于包括微软在内的其他企业的软件和服务，但乔布斯并不是一心一意地致力于支持平台。因此，有着 DOS-Windows 生态系统的微软，以及之后有着安卓生态系统的谷歌能够在计算机和智能手机方面超越苹果，并且侵蚀苹果在平板电脑领域领先的市场份额。

本章我们将审视盖茨、格鲁夫和乔布斯如何挣扎于业界平台固有的拉力之中，而不是单一的产品。我们聚焦于他们如何进行权衡，以及如何推广他们的平台，建立业界合作关系。每一位首席执行官都有平台战略，以下 4 项原则描述了他们都必须要解决的挑战：

1. 考虑平台，而不仅仅考虑产品。
2. 考虑生态系统，而不仅仅考虑平台。
3. 创造一些你自己的补充。
4. 发展并发明新的平台以避免被淘汰。

产业平台机制

迈克尔·库苏马罗和安娜贝拉·加威尔在 2002 年的《平台领导力》（*Platform Leadership*）一书与其他几篇文章中都指出，由于互补性创新与网络效应（也叫作网络外部性），产业平台可能会比单独的产品或者企业平台更加有价值和持久性。[1] 在平台市场上，这些概念共同存在。比如，随着使用人数的增加，产品的价值上涨，这是一个简单的网络效应——想想电话作为通信的机制，或者脸谱网作为社交媒体分享网站。一个用户不是很有用；两个用户更有用，以此类推。现在再想象一下如果其他公司创造了几百个、几千个甚至几百万个补充性产品与服务，这些平台将会多么有吸引力与价值。根据平台类型的不同，这些外部创新可以包括能够使电话系统更为有用的传真机这样的设备，以及能够帮助脸谱网用户与他们的朋友分享照片、音乐或者玩游戏的软件应用。随着补充物数量的增加，平台变得越来越有用，也会吸引更多的用户。反过来，更多的用户会吸引更多的补充性创新的生产者或者其他市场主体，比如广告商和不同服务的提供商。在极端的情况下，有着强大网络效应的行业会有所谓的“倾覆”，将市场的绝大部分给了单一的一个企业，这通常叫作“赢家通吃”现象。[2]

尽管我们将其作为非常新的事物来讨论，管理行业平台，补充性创新以及网络效应实际上很早就出现了。在 19 世纪的美洲和欧洲，好的铁路企业必须要管理网络效应，他们建造铁轨系统时，要尽量说服其他企业采用同样的量规标准。从纽约到费城的铁路网络如果能与其他的铁路网络连接到一起，就变得更有价值。电话公司也是一样。本地的系统价值有限；国家的与世界连接的网络就有更大的价值，也更加有用，不用说它会有更大的利润。电网也存在平台的概念和网络效应。在 19 世纪末期与 20 世纪初期，通用电气必须要建立一套标准，与许多不同的企业和城市签署协议，以建立交流（alternating current, AC）技术作为国家平台，将能源送入家庭与企业。与之相似的是，黄页、购物中心和信用卡早在互联网搜索引擎与电子商务站点帮助我们购物之前，就将买家和卖家联系在一起了。

约翰·多恩写过一段著名的话："没有谁是一座孤岛，在大海里独踞；每个人都像一块小小的泥土，连接成整个陆地。"[3] 同样的话也适用于企业，正如这些例子展示的那样。但是，随着产品与服务越来越复杂，互联程度越来越高，管理企业边界以外的世界越发重要。值得赞扬的是，盖茨、格鲁夫与乔布斯在不同的时间以及不同的程度上都意识到，培养外部合作伙伴比自己尝试所有潜在的创新要好——当然不可能全部都由自己完成。从这个策略中产生的行业平台与生态系统启动了格外强大的网络效应与全球创新者的社区。平台与生态系统的思维不仅帮助了微软、英特尔和苹果主导竞争，产生巨大的财务收入，而且它们所培养的创新永久性地改变了我们生活、工作与交流的方式。

我们寻找网络外部性的机遇，即广大消费者分享共同标准的优势……我们业务的关键是建立年金，挖掘依赖我们软件的专门知识所产生的广泛的收入流。[4]

——比尔·盖茨（1994）

考虑平台，而不仅仅考虑产品

比尔·盖茨经常被批评为不是真正的远见家。的确，微软经常是快速的跟随者，并非突破性产品的发明者。然而，一旦说到理解个人电脑和软件产品的重要性，以及理解行业平台、补充性发明以及网络效应的角色，盖茨显然远胜过其他人。行业平台的概念并非老生常谈，即使在高科技的世界里也是一样，一直到 90 年代互联网的大繁荣。但是，盖茨不仅在 1994 年上述提到的采访中展示了他对于平台和网络效应的理解，同时也通过 10 年之前他对 DOS 所采用的策略展示了这种理解。

将平台置于产品之前

微软如何向 IBM 提供 DOS 系统的故事广为人知：1980 年 7 月 IBM 的高管拜访盖茨，寻求新的个人电脑操作系统。盖茨并没有开发操作系统的计划，他提出异议，并且建议他们与 Digital Research 的首席执行官加里·基尔代尔聊一下。加里·基尔代尔不想要这个业务，IBM 又回到盖茨那里。经过一些内部辩论之后，盖茨决定与 IBM 合作。他付给一家西雅图的企业 75000 美元来制作一个初步的操作系统，他和他的工程师将其改善并提供给 IBM；微软在接下来的 30 多年里主导了个人电脑软件平台的业务。[5]

许多观察家认为微软是幸运的。IBM 决定去接触盖茨并且再次回来找他，的确是幸运的机缘。但是盖茨也有清晰的远见，在 IBM 第二次来找他的时候抓住了机遇。不仅如此，他也有前瞻性，在对待与 IBM 的交易时，不是将其仅仅视为“产品设计取胜”，而是有机会建立一个行业平台。短期而言，通过 DOS 销售的一次性付款或者要求 IBM 为出货的个人电脑的每一份 DOS 付费，盖茨能够将微软的收入与利润最大化。但是他的思考要广泛得多。盖茨知道，围绕着 IBM 大型机有一个兼容机的“克隆”产业，他相信对于 IBM 个人电脑，会有同样的事情发生。如果他保留将

DOS 卖给个人电脑克隆机产业的能力，微软不仅会拥有 IBM 产品的一个组成部分，而是拥有一个全新产业基础的关键元素。盖茨有了这个目标——基本上是他自己做到的——他让 IBM 同意以下合同条款[6]：

1. 微软将会从 IBM 那儿收到一小笔费用（大约 5 万美元），准备将 DOS 投入大众市场，并提供一些编程语言与小的应用，供 IBM 捆绑销售个人电脑。
2. 微软保留将 DOS 授权给其他企业的权利，也就是未来的个人电脑克隆制造商。这项权利对于微软将业务扩展到 IBM 以外至关重要。
3. IBM 不会为使用 DOS 支付费用，它会在捆绑销售 IBM 个人电脑时，将其重新命名为 PC-DOS。

IBM 的高管可能认为这是个不错的交易。IBM 总是在硬件的销售中挣得最多的钱，如果个人电脑的操作系统没有使用费的话，它能赚得更多。除此之外，IBM 的高管预计市场上没有多少企业会使用 DOS。IBM 制造了一种特殊的芯片，这使得操作系统能够与硬件组件进行通信；没有 IBM 的这种芯片，个人电脑无法工作。但是，在 1982 年，微软帮助康柏以及其他企业对该芯片进行了反向工程，制造了个人电脑，在个人电脑上装载了 DOS。[7] 这些 IBM“兼容机”运行的是该操作系统的仿制版本，这很快会将 DOS 与之后的 Windows 变为个人电脑唯一的行业软件平台。

兼容性压倒一切

和微软一样，英特尔在第一台 IBM 个人电脑诞生的过程中扮演了中心角色。第一台个人电脑是围绕着英特尔的 8088 微处理器制造的。但是，在那个时候，英特尔的高管并没有意识到他们能够使用与 IBM 的协议建立自己的行业平台。英特尔的首席执行官戈登·摩尔和当时的总裁安迪·格鲁夫，与比尔·盖茨非常不一样，他们认为与IBM的合同是重要的，但这不是特别的产品销售。摩尔在 1999 年评论道："任何在 IBM 取胜的设计都是大合同，但是我的确没有意识到这个设计比其他的更加重要。我觉得别人可能也不这么认为。"[8]

在那个时候，摩尔和格鲁夫都专注于开发开创性的产品。英特尔从 1968 年成立以来，它的创新范围广泛，从世界上第一个存储器芯片（DRAMs、SRAMs 和 EPROMs）到第一个微处理器和微控制器。为了帮助用户搞清在他们的产品上如何使用英特尔的芯片，英特尔也开发了补充性的软件和硬件。但是英特尔的目标一直都是销售产品，以保证工厂全产能运转。摩尔和格鲁夫没有想到，支持一个围绕微处理器的第三方生态系统，这带来了比英特尔与直接客户所能够产生的个人电脑需求更大的爆炸式增长。

在与 IBM 达成协议后的 10 年，格鲁夫才意识到让其产品保持为个人电脑平台上的关键部分能够使英特尔成为全球的重要企业。转折点在 1990 年左右到来，当时格鲁夫面对着未来英特尔核心业务的基本决策——x86 微处理器系列。从 1980 年起，英特尔在 8088 之后制造了 286、386 和 486 芯片，每一个都比之前一个更加强大。它们都有同样的架构，所以它们同时是“反向兼容”的，也就是说，每一个新的芯片都能运行前一代芯片支持的软件，包括 DOS、Windows，以及所有为这两个操作系统写的应用。尽管如此，到了 80 年代后期，x86 微处理器架构还是遭到了攻击。它的设计依赖于一个叫作“复杂指令集计算”（CISC）的方法。10 年之前，IBM 开发了一种叫作“精简指令集计算”（RISC）的方法。RISC 芯片在设计和制造上都因更为快速和便宜而闻名。

在英特尔，有一个设计了 RISC 处理器的叛逆者团队，这个处理器叫作 i860，是业界专家所认为的该类中最好的芯片之一。英特尔在 1989 年宣布 i860 芯片上市，新客户开始来敲门。但是安迪 · 格鲁夫真心为不知道要做什么感到痛苦，正如 1990 年他在董事会议室外跟大卫 · 尤费的谈话中流露出来的那样。格鲁夫多数的技术人员、他的客户，以及许多合作伙伴，都希望英特尔支持 RISC。但是英特尔现有围绕 x86 的路径图刚刚有些起色，采纳 RISC 意味着要为“两匹互相竞争的马”分割资源。格鲁夫那时在斯坦福商学院的一个班级里阐述了自己的困境：“我有三个选择。我可以告诉软件开发者我们严重倾向于 x86，x86 是永久的。或者我可以告诉他们 RISC 是重要的，英特尔希望在采用 RISC 的公司中是领先的。或者我可以告诉他们我们会同时支持 CISC 和 RISC，让市场做出选择。”[9]

许多首席执行官会选择第三个选项——让市场决定。其他人可能会选择第二个——“最佳”的技术。但是经过一年多的内部辩论，格鲁夫决定坚持x86，基本上放弃了RISC。有些内部人士认为随着时间的推移，英特尔可以通过将某些RISC的特点嵌入x86的设计中来弥补技术鸿沟（的确，它就是这么做的，我们将在第四章中讨论）。尽管同样重要的是，格鲁夫必须权衡与前几代英特尔芯片保持兼容性的价值。如果英特尔将全部资源都投到RISC上，市场可能就会向这一边倾斜或者在RISC、CISC之间分裂。许多软件开发者会陷入困境，因为他们的程序无法在新的采用RISC的电脑上运行，数百万个人电脑用户也会面临同样的问题。当时的营销负责人丹尼斯·卡特想到英特尔可能用这样的方式放弃客户，变得近乎"歇斯底里"。特别是英特尔已经开始大力投资于品牌建设，最初就是推广386芯片的"红X"活动。[10] 克雷格·基尼是英特尔架构实验室的负责人，帕特·基尔辛格是80486项目年轻的经理人，他们都反对RISC战略，都认为RISC的技术优势被过分夸大了。基尔辛格后来回忆说，他和基尼都"固执地认为兼容性压倒一切"。[11]

弗兰克·吉尔在90年代初期负责英特尔的系统业务，他回忆这场辩论，认为抛弃RISC可能是格鲁夫做过的最有勇气的决定了。吉尔回忆道，尽管专家像合唱团一样异口同声地说RISC是未来，"安迪自己说道，不，我们不做这个。他不是电脑的设计师，也不是软件工程师。他凭直觉知道哪个路径对于我们来说是最好的。他有勇气反对每个人"。[12] 格鲁夫向回看时，他强调的不是需要多大的勇气来做出这个决定，而是这个决定是多么明显："（我怎么能）甚至有丢掉我们传统技术的想法……而那个技术当时有着非凡的发展空间与发展势头？”[13] 事后来看，格鲁夫相信，如果他当时采纳了 RISC，他可能就丢掉了 90 年代英特尔华丽的奔跑。

通过避免追逐下一代伟大技术的陷阱，格鲁夫为支持平台发展而非一个产品策略投了坚定的一票。这个举措展示出他最终理解，长期的反向与前向兼容是定义平台的关键，也使得其对于整个行业来说极其有价值。保持兼容性与努力为更广泛的个人电脑生态系统“增大盘子”将成为英特尔战略与商业模式的基石。

走向大众市场

安迪·格鲁夫比比尔·盖茨多花了 10 年的时间来确定他的企业要专注于建立行业平台，而不仅仅是独立的产品；史蒂夫·乔布斯花了 20 多年也得出了同样的认识。这没什么让人惊讶的。乔布斯是典型的“产品人”。他认为赢得客户的最佳方法就是造出好的产品，造出好的产品的最佳方式就是对于设计与性能保持完全的控制。乔布斯对于苹果的自给自足感到骄傲：“我们是唯一一个所有工具全部自有的企业——硬件、软件、操作系统。我们对于用户体验负全责。我们能够做别人做不了的事情。”[14] 他坚持认为，放弃这些控制中的任何一部分都会导致生产出劣质产品。

如果你们对于制造好的产品有极度的热情，它就会推动你去整合，去联结你的硬件和软件以及内容管理。你想要开辟新天地，那么你就得自己做这些。如果你允许产品对其他硬件或者软件开放的话，你就不得不放弃一部分愿景。[15]

具有讽刺意味的是，苹果产品的成功总是依赖于第三方开发软件的可及性。苹果二代的销售因为一个“杀手应用”VisiCalc的出现而腾飞，这是 Software Arts 制作的第一个电子表单。如果微软、奥多比还有其他几个公司没有提供文字处理、表格与桌面出版的关键应用，麦金塔电脑可能会从市场中消失（就像索尼的 Betamax VCR 一样）。[16] 尽管这样，苹果没有特别地将麦金塔电脑作为一个广泛的行业平台进行推广。乔布斯领导的苹果拒绝将其操作系统授权给其他硬件制造商使用，并且保持高昂的价格，大概是个人电脑价格的两倍。高昂的价格意味着 Mac 机的购买减少，进而没有多少开发者投入麦金塔电脑应用的打造。在 90 年代，这个过程把苹果在个人电脑市场上的份额削减至一位数。基于 Windows 软件与英特尔硬件的个人电脑销售数量高涨。麦金塔电脑能勉强活下去，仅仅是由于它保持了忠实的用户核心，主要是在学校与桌面出版方面。

乔布斯在 NeXT 公司同样是一种“产品重于平台”的心态。大卫 · 尤费在 90 年代早期与乔布斯和安迪 · 格鲁夫吃晚餐的时候发现了这一点。饭吃到一半的时候，乔布斯问了一个问题：“我要单独销售操作系统。你觉得多少钱合适？”大卫想了一下说 DOS 销售给电脑企业的价格大概是 15 美元，Windows 大概是 15 美元，因此 NeXT 如果想要被广泛接受并且成为重要的行业平台，售价应该在 25~35 美元。乔布斯觉得这很疯狂，他认为 NeXT 的操作系统比 Windows 要好得多，因此每个授权应该收 500~700 美元。当然，大卫不知道要说什么了，但是几年之后——就是乔布斯把公司卖给苹果时——NeXT 基本上已经死掉了。

那个时候，乔布斯已经是成熟的战略思想家。没有什么比他最终的默许更能说明这种转变，即使这意味着内心的挣扎，他还是默许了苹果热销的新产品 iPod 采取平台战略的决策。早期的 iPod 于 2001 年上市，因其巧妙的设计、大容量存储和简单易用获得赞誉。但是销售量一直较小，因为用于下载、转换、组织和将文件传输到 iPod 上的软件 iTunes 只能在麦金塔电脑上运行。无视真正的大众市场——95% 的个人电脑用户使用的是 Windows 操作系统——这个决定完全是由乔布斯做出的。他相信 iPod 是一个非常棒的产品，这将迫使 Windows 用户成为麦金塔电脑用户。他同样想要 iPod 成为与麦金塔电脑平台与生态系统紧密结合的苹果"数字中枢"的一部分，这样苹果就能继续控制用户体验的所有方面。他说，最初这个战略是有效的。乔布斯称，在 iPod 发布的前几个月，"让 iPod 只能跟 Mac 机互联……推动 Mac 机的销售是超乎预期的"。[17] 但是公司其他高管没有那么乐观。尽管在 2001 年假日季，苹果卖掉了 12.5 万台 iPod，但是在接下来的两个季度中，每季度销量都不足 6 万台。[18]

乔布斯一直拒绝让 iPod 与 Windows 电脑兼容，这使得他站到了所有高管的对立面上。苹果前首席财务官弗雷德·安德森记得高管想要"为 iPod 打开更加广阔的世界"，但是乔布斯说："不，我不想这么做。"[19] 据说乔布斯一度称"等到我死了"，Windows 用户才可以获得 iPod。[20] 正如苹果工程高管乔恩·鲁宾斯坦向我们解释的那样："史蒂夫不为个人电脑做产品——个人电脑是敌人……史蒂夫说：'不，不，我们不做这个；这是数字中枢战略。'"但是最终，乔布斯的高管团队占了上风。在又一次激烈的讨论后，他向聚集在一起的高管扔出脏话，喊道："你们想干什么就干什么吧，你们负责！"然后冲出了房间。[21]

苹果的工程师相信了乔布斯的话，在 2002 年 9 月推出了兼容 Windows 的 iPod，这离最初设备上市差不多有一年时间了。最初的销量疲软，主要是因为它用了一个第三方程序，叫作 MusicMatch，这比起 iTunes 明显要差了很多。乔布斯希望，如果不能把 iPod 专门供给麦金塔电脑用户的话，至少也要保留 iTunes。但是 Windows iPod 的失败最终使他转向了平台战略。他认识到，如果苹果坚持只将二流的 iPod 版本提供给 Windows 的话，iPod 不会真正大卖。即使是最好的 iPod 也没有将麦金塔电脑的市场份额推高到 5% 以上的吸引力。消费者并没有为了使用 iPod 全部的功能就放弃 Windows 个人电脑来购买 Mac 机。但是如果他们能够买到与他们的 Windows 个人电脑配套的 iPod，那么苹果将拥有一个新的音乐与其他数字媒体的全球平台。

乔布斯向现实低头，批准了一个为 Windows 建立的 iTunes 项目。他描述这个项目的时候，带着他一贯的谦虚特质，说这是"有史以来最好的 Windows 应用"。[22] 2003 年 10 月 Windows 版本的 iTunes 发布，苹果的命运从此改变了。进入巨大的市场之后，iPod 的销量爆棚。到 2003 年 6 月，自苹果推出 iPod 以来的 18 个月，已经销售了100万台iPod。这个数量是值得尊敬的，但是仍然是一个小众业务。2003年6月至2005年底，它销售了1200万台。[23]到了2007年底，苹果已经销售了一亿台iPod，当时麦金塔电脑的保有量只有它的1/10。[24]

乔布斯从未完全接受平台思维

寻求Windows用户的决策推动了苹果从2004年到2011年的销售呈爆炸式增长。然而史蒂夫·乔布斯从来没有全力投入一个行业平台的策略。直觉让他继续将产品放在比平台更重要的位置上。当然，这样的方法有其逻辑。乔布斯推动他的团队设计适合新市场的设备。如果牺牲苹果现有平台的兼容性能生产出新的产品，这对于乔布斯来说是一个可以接受的权衡结果。优秀的设计与性能是苹果产品线的标志。

乔布斯的策略使得iPhone和iPad获得了惊人的收入——成为产生利润的产品，广泛的行业平台就没有那么成功。大众市场平台需要相对便宜并且容易获得，以便能够吸引越来越多的用户和补充者，这两点都能产生十分重要的网络效应。另外，最为成功的行业平台都相对“开放”与“模块化”，这使得补充性产品和服务的生产者能较为容易地添加他们的创新。[25]关于价格、开放性与模块性，相比于2007年首秀的以谷歌的安卓操作系统为基础的手机与平板电脑，iPhone与iPad排名较为靠后。可能最重要的是，安卓的软件是开源的，免费授权；苹果不论任何价格都不授权iOS。

苹果应用商店的成功，是基于我们所谓的“封闭，但是不闭封”的平台战略（与微软的“开放，但不放开”的战略相对，我们将在后面讨论）帮助 iPhone 和 iPad 变成远比麦金塔电脑更发达的平台。但是，乔布斯对于苹果的生态系统实施严密的控制。iPhone 与 iPad 的应用只能通过苹果的应用商店购买，开发者必须遵守严格的指导，并且向苹果支付 30% 的佣金。苹果的一个董事阿特·莱文森形容应用商店是“一个进入最佳状态的绝对魔法式的解决方案。这给我们带来开放的好处，同时保持端到端的控制”。[26] 早期的爆炸式增长的确是魔法式的，但是这些紧密的控制对于开发者而言喜忧参半，最终对于苹果也是一样。

乔布斯不愿意接纳更广泛的平台与生态系统，这限制了苹果长期在这些新市场中获得市场份额。随着谷歌安卓操作系统提升功能，全球的制造商模仿并提升了苹果革命性的产品设计。开发者进行仿效，开始写越来越受欢迎的安卓应用，这就不受苹果设定的限制。可以预见的是，智能手机和平板电脑的平台大战会越来越像多年前麦金塔电脑与个人电脑的战争（或者 Betamax-VHS 的战争）。苹果一开始在两个市场都取得了主导地位，之后努力在十几岁孩子的智能手机市场中维持份额。在平板电脑方面，2011 年，乔布斯去世，两年后，市场份额下跌 65 个百分点。到 2014 年，安卓已经获取了全球大约 80% 的智能手机市场和超过 60% 的平板电脑市场。三星超过苹果成为智能手机出货量的老大。

我们看到了苹果非常期望的新产品，iWatch 用的也是“产品重于平台”的战略。这个“可穿戴”的设备是一个潜在的计算与通信新平台。软件公司会为 iWatch 写应用来检查穿戴者的健康与活动水平，并且只是看下你的手腕就能执行在智能手机和平板电脑上的其他可用功能。但是，正如最初的 iTunes 和 iPod 只能在麦金塔电脑上使用一样，苹果设计的 iWatch 只能在 iPhone 上使用。除非管理层在未来改变航线，用户群总会受到 iPhone 的市场份额限制。与之相比，真正的行业平台战略会让 iWatch 与行业主要的平台兼容（即与谷歌安卓兼容），以便能够连接大多数智能手机用户。

微软和独立软件开发者的合作比其他任何企业都多……为什么我们相比其他操作系统能够取胜？因为我们会与独立的软件企业合作，让他们来写应用。[27]

——比尔·盖茨（1991）

考虑生态系统，而不仅仅是平台

戴维·约翰逊在 90 年代末期负责英特尔的架构实验室，他这样描述平台企业脆弱的地位：“在英特尔，我们的创新要与其他人的创新捆绑在一起才能有价值。如果我们在处理器上进行了创新，而微软或者独立软件供应商不进行相应的创新，我们的创新将变得没有价值。”[28] 换句话说，平台业务的繁荣不仅依赖于自己产品的力量，还依赖于其他企业的创新，有时还包括死对头的。即使史蒂夫·乔布斯特别讨厌依赖别人，也只能不情愿地接受事实。在 1997 年 8 月的苹果大会上，他解释说："苹果生活在一个生态系统中。它需要其他合作伙伴的帮助，它需要帮助其他合作伙伴。毁灭性的关系对行业中任何人都没有好处。"[29] 在那个时候，乔布斯力证自己放弃苹果对于微软抄袭麦金塔电脑界面诉讼的合理性，并且接受了来自主要竞争对手比尔·盖茨的大额投资。

对于英特尔和微软来说，战略性问题很简单：如果英特尔卖了一个很棒的微处理器，微软卖了很棒的操作系统，但是这些装进了一个差劲的电脑，没有什么人会买它。没有合适的内存配置、带宽和关键的软件驱动器和应用，用户体验会很糟糕。苹果销售完整的系统，但是也面对类似的难题：即便企业的工程师设计出很棒的电脑，若是没有很好的外设（比如打印机和软驱），很好的第三方软件应用以及运转顺畅的元件和组装，苹果也不能为消费者提供完整的解决方案以及良好的用户体验。

对于整个战略性问题的回答同样直截了当，至少在原则上是这样：盖茨、格鲁夫和乔布斯都将贯穿整个生态系统的创新与合作促进作为他们任务的一部分。当然，每位领导都有独特的方法来从事这项工作，这反映了他们关注的重点不同，并且能够看出遵循平台战略的人们能够获得的选择范围。平台对产品并非黑对白的关系，而是有很多灰色的阴影。

增大整个蛋糕

英特尔有着就其前沿产品对业界参与者进行教育的悠久历史。

早在70年代末期，我们就注意到，英特尔创造了软件和硬件工具，使像微软和IBM这样的企业采用其微处理器时更加容易。但是企业的努力基本上就止于此了。正如格鲁夫在2003年的一次访谈中所承认的，英特尔的高管在70年代和80年代早期都是“芯片脑袋”，他们不像微软那样真正理解行业平台和生态系统的软件合作伙伴的重要性。[30] 格鲁夫自己基本上陷入了“产品模型”的战略，而不是“平台模型”。

但是，到了80年代后期，英特尔引入386微处理器之后，格鲁夫开始理解，他的企业需要与英特尔长期成功中至关重要的企业在更高的层面进行互动。这种转变的动力源于格鲁夫意识到个人电脑是一个有缺陷的技术。用格鲁夫的话来说，在硬件的层面上，冲突的标准、有限的功能以及技术的“系统瓶颈”等问题使得程序员很难写出令人叹服的应用。令人叹服的应用相对稀缺，这反过来限制了人们对于新的个人电脑的需求，也限制了英特尔销售微处理器的能力。

格鲁夫新的战略是个人电脑作为系统来升级。英特尔不仅向个人电脑制造商提供芯片，也会直接负责解决个人电脑的硬件问题，并且与生态系统的伙伴紧密合作，特别是在软件上的合作。作为第一步，格鲁夫在1991年任命克雷格·基尼为英特尔新的架构实验室的负责人，并且要让英特尔成为“开放的电脑行业的设计师”。[31] 他鞭策基尼和其团队找到方法克服个人电脑难以部署新的应用的技术缺陷。作为致力于该项努力的标志，格鲁夫授权基尼扩大实验室，到了基尼的继任者戴维·约翰逊2001年接手的时候，增加到了 500 名工程师（多数是软件程序员）。[32]

实验室第一个大的努力是外部设备互联（PCI）计划。为了提高个人电脑图形处理的能力，帮助其能更容易地与打印机和其他外设连接并且解决相关性能的问题，基尼的工程师们设计了一个新的总线架构和芯片集以配合英特尔的微处理器。"总线"是将信息在一台电脑中的不同元件间进行传输的硬件和软件系统。特殊的芯片集对微处理器与电脑其他部分之间的通信进行管理。传统上来讲，英特尔并没有参与其他的部分。格鲁夫在 1998 年的采访中回忆说："硅制造商可以定义电脑总线架构的想法是一件非常奇怪的事情。没有人做这个事情……因此，在 1990 年前后，我们开始进行一个主要的工作，就是开发我们的芯片集以及总线架构……这是非常有争议的事情。"[33] 像康柏这样的大型电脑企业特别不喜欢英特尔的 PCI 计划，他们觉得这侵犯了他们的领地。但是根据格鲁夫所说，小的个人电脑制造商没有工程资源设计自己的芯片集，他们欢迎这个举措："对于小型制造商来说，这是非常棒的，因为这给了他们一个机会，在同样的基础上与大型个人电脑制造商竞争大范围的受众。"[34]

PCI 计划只是一个开始。1992 年，在发布了第一个 PCI 总线之后，英特尔的工程师就开始寻找个人电脑系统的其他技术瓶颈。在未来的几年中，这些努力汇集成了通用串行总线（USB）、图形加速端口以及像网络电话之类的新技术。现代消费者认为这些能力是想当然的，但是如果没有英特尔的努力，以上这些可能就不会在运行 Windows 的个人电脑里面存在了。英特尔的 USB 技术是一个特别重要的突破。[35] 在 USB 出现之前，将外设与个人电脑连接简直就是梦魇，因为每个制造商都有不同的标准和插头。（相比而言，苹果只有一个自由标准。）

格鲁夫的前技术助理詹睿妮认为格鲁夫的理念很简单："如果是播种了整个东西，我们得到了合理的份额，那么产业就会增长。"[36] 因而格鲁夫的决策是这些创新相对"开放"，而且通常是免费的。英特尔申请了专利，但是对于多数其开发的平台相关的关键技术并不收使用费。英特尔也安排了交叉许可协议，将其创新在整个行业中播种。格鲁夫的目标是让尽可能多的企业参与合作来提高个人电脑的功能，从而吸引更多的互补性创新。这样最终能够吸引到更多的用户。英特尔占有 80% 左右的个人电脑微处理器市场，如果这些"将蛋糕做大"的努力成功的话，英特尔将得到比其付出的努力多几倍的好处。Wintel 的生态系统也会显著增长，至少在智能手机和平板电脑开始蚕食个人电脑的销售之前是这样的。21 世纪开始的几年，个人电脑出货量放缓，英特尔最终重新组织了实验室，将研发与其产品和非个人电脑平台项目更为紧密地结合起来。

史蒂夫·乔布斯也理解把蛋糕做大的重要性，但是在对他的生态系统的合作伙伴方面，他采取了不同的方针：他想要解决他们的问题，然后对使用苹果严密控制的平台与优雅的技术解决方案来收取费用。乔布斯的生态系统的合作伙伴范围包括音乐标签与视频内容制造商，以及配件制造商与图书出版商。在每种情况下，乔布斯都会规定价格（苹果总是有高价格，对于补充者来说都是低价格）、佣金（通常是30%付给苹果）、品牌与推广，然后告诉他的“伙伴”要么接受，要么离开。

当然，乔布斯有一个稀缺的优势：在21世纪头十年，苹果推出了三个革命性的产品：iPod、iPhone和iPad，因此其迅速成为快速增长的行业平台。这就意味着，生态系统中的几乎所有人都想要与苹果合作。同样重要的是，乔布斯解决的是困难的问题。比如，苹果的数字版权管理系统为音乐盗版问题提供了第一个可行的解决方案，而盗版在iTunes出现前正在毁灭音乐行业。另外，尽管乔布斯为合作伙伴支付非常低的、非捆绑的价格，苹果仍然是音乐生态系统中少有的真正能提供有意义收入的企业。与此类似，图书出版商认为苹果是亚马逊唯一可行的替代解决方案。随着iPad的引入，乔布斯给了他们一个机会打破亚马逊的行业控制（尽管是以一个很高的价格），我们将在第四章中讨论这个问题。

苹果的应用商店在软件分销方面也同样是重要的解决方案。其他重要的平台企业会抄袭这个方法。消费者们不用访问成百上千家网站去寻找一个软件应用——就算能找到也不一定在特定的设备上可用——他们可以仅仅访问苹果的应用商店。这是一个集中化的平台，简化了整个流程。苹果获得收入的30%，但是反过来，它帮助每个来兜售应用的人将蛋糕做大，并且实行了一个简单的支付和定价系统，也为消费者提供可以信赖的销售渠道。

开放，但不放开

微软像英特尔与苹果一样，极大依赖于补充者。如果生态系统的合作伙伴不围绕 DOS 和 Windows 设计新的软件，或者开发在微软的操作系统上运行的新的软件应用，消费者就没有什么理由购买新的电脑或者升级操作系统，这样对于 Windows 的需求会停滞。盖茨认识到这个关系，于是采取了一个策略。表面上来看，这很像格鲁夫的策略：既投资新技术又推广标准，推动个人电脑向前发展，并扩大市场。但是盖茨的策略实际上是介于格鲁夫与乔布斯所追求的策略之间。英特尔基本上是免费提供其技术，而苹果的技术很贵，而且是排他的。相比而言，盖茨提供足够的“开放性”，为其他企业与微软合作提供动力，同时保持微软技术许多方面的“不放开”与专属。

盖茨明确地知道他自己在做什么，即便是在非常早的时候就已经知道了。一方面，微软说服其他硬件和软件企业来投资于新的 DOS 以及 Windows 版本，这是至关重要的。1981 年有了 DOS 的第一个版本，微软可以说是通过赠送软件开发者工具来鼓励投资，这为制造商制造个人电脑以及软件开发者写应用提供了足够的信息和样本代码。像英特尔一样，微软同样推出了惠及整个行业的创新，比如促进网络发展的技术或者让再次利用大块的代码更为容易来加速软件编写的速度。[37] 这些努力到了 90 年代末期帮助推动了几百万 Windows 应用的推广。

另外一方面，盖茨从来没有想让微软完全开放，否则消费者就很容易转向非微软的技术了。毕竟，在应用市场上，微软与其想要帮助的许多软件企业存在直接竞争。盖茨与他的团队在这个竞争中有着天然的优势，因为他们知道微软的操作系统路线图指向何方。比如，80 年代中期，微软在重新编写 Windows 的 Excel 和 Word 应用时占了巨大的先机——有些竞争对手拒绝在新平台上做任何事情的时候，这项优势被放大了。尤其是 Lotus 的首席执行官吉姆·曼齐宣称，他不会着急为 Windows 推出 Lotus 1-2-3，原因是微软是敌人。[38] 这被证明是灾难性的错误，最终 1995 年 Lotus 被 IBM 收购。

有时，微软战略中“不放开”的一面致使公司越界产生不合法的行为。在 90 年代末期，美国司法部指控微软为自己的应用开发者提供特殊优势——这项指控因盖茨在 1995 年的媒体采访中承认微软的操作系统与应用团队之间“没有防火墙”而变得可信。[39] 包括 IBM、Lotus、WordPerfect 和网景在内的竞争对手都声称，他们收到 Windows 新版本的信息比微软的应用团队要迟。2001 年，微软同意就政府的反托拉斯案件进行和解，法庭指定技术专家来限制未来的非法垄断行为。尽管这样，类似的指控不断出现，带来诉讼和处罚，特别是在欧洲。[40]

尽管在这些法律案件上挫败，微软还是从盖茨的“开放，但不放开”的平台战略中获得了巨大好处。可以对比一下安迪·格鲁夫，他进行大力投资，为每个人将蛋糕做大。史蒂夫·乔布斯努力保持苹果的专属性与控制。盖茨在很长一段时间都拥有两个世界最好的部分。他让微软保持足够的“开放”，吸引了上万的补充者，巩固了其业界平台的地位。但是同时足够“不放开”以保持其相对应用开发者占有优势。

存在局势紧张的情况……做视频会议的人想要保持（编码/解码）视频会议产品的专利技术。负责微处理器的人想要免费提供这些视频会议产品。（我们赠送，那么）世界信任我们……但是他们信任我们的原因是我们没有创造其他成功的业务。[41]

——安迪·格鲁夫（1998）

创造你自己的补充物

没有几个成功的平台企业完全依赖于生态系统的合作伙伴进行补充性创新。第三方平台不总是能够按时交付新的产品或者服务。这样的态势创造了一个经典的“鸡生蛋还是蛋生鸡”的问题：没有关键的补充物，消费者不会购买一个新的平台，不能保证高的销售量，第三方的平台可能不会投资于补充物。因此，平台业务的战略有时可能要求你自己创造补充物以推动市场起步。但是，平台领袖一旦决定在市场的两方面都参与——平台和补充物——他们就有与合作伙伴产生巨大冲突的风险，破坏他们的信任，使得他们不太愿意在没有多少控制能力的业务中投资。如果补充者感觉目标平台的所有者已经开始成为主要的竞争对手，他们可能会转向其他生态系统，甚至自己来创造一个新的平台。

盖茨、格鲁夫和乔布斯都逐渐理解，要想在竞争中保持领先并且持续增长，仅仅创造一个行业平台和一个生机勃勃的生态系统是不够的。有时，他们必须要生产自己的补充物，来刺激对于平台新版本的需求。这个决定不仅解决了鸡还是蛋的问题，同时也鼓励生态系统的合作伙伴们在产品研发上走得更快。因此，这三位首席执行官都选择了参与市场的两端，尽管程度不同。盖茨、格鲁夫和乔布斯都发现了与众不同的方法来维护生态系统的合作伙伴关系，有时则是与这些企业进行竞争。

解决鸡还是蛋的问题

20 世纪 90 年代中期，这三家企业里，英特尔可能面临最大的平台困境。英特尔进行了大规模资本投资来建立新的微处理器。那些新的、更加强大的微处理器不可能溜进现有的个人电脑里被运送出去。电脑企业需要设计和建造新的主板，以适应英特尔的芯片。所有这些部分必须要在正确的时间攒到一起。如果错过时机，哪怕只是几个月的时间，英特尔昂贵的工厂产能都会遭到闲置，其财务绩效会蒙受极大的损失。在奔腾 1994 年上市的时候，这个问题变得十分严重，引发了英特尔有史以来最大的产能扩张。

格鲁夫对于英特尔的回答是，通过自己制造一些主板，减少新的个人电脑投入市场的时间。主板业务的利润薄如刀片，进入这个业务并不是终极目标。与之不同的是，格鲁夫想要解决英特尔的鸡与蛋的问题。2013 年，格鲁夫告诉我们他最初的直觉是目标为主板 80% 的市场，这就意味着全面进入一个新的业务。但是财务人员“说服他降低”这个数字。到了奔腾出货的时候，英特尔采用了“汉堡王的战略”。格鲁夫的副手弗兰克·吉尔称：“我们告诉客户，‘用你自己的方法享用它。’买一个芯片吧。买一个芯片加芯片集（主板的元件）。买一个主板，否则就只能用一个低容量的系统（非品牌的个人电脑）。”[42]

这样的方法为戴尔、佰德和捷威等较小的企业解决了一个特别苦恼的问题。他们没有为性能更高的新奔腾设计主板的技术。几年之前，电脑制造商对于英特尔从事设计与制造微处理器之外的活动感到犹豫。但是到了 1993 年，格鲁夫告诉他的高管团队，除了最大的企业之外，其他企业的态度已经变成“如果不是英特尔，还有哪家企业能做到这个呢？”因此，英特尔出货的几乎 50% 的奔腾芯片都是与英特尔制造的主板一起卖的，这加快了新产品上市的时间，也为英特尔和主要的个人电脑制造商带来了巨大的利润。[43]

将巨大的利润中心带进公司内部

格鲁夫推动英特尔制造补充物主要是为了解决鸡还是蛋的问题，但是盖茨看到微软操作系统的补充物市场——主要是应用软件——本身就能产生巨大的利润。时任微软常务副总裁迈克·梅普尔斯在 1991 年的一次记者会上明确地表明了公司的立场：“如果有人认为我们没有在追赶 Lotus、WordPerfect 或是宝蓝，那他们就是糊涂了。我的工作是在软件应用市场上获得一定的份额，对我而言，这个一定的份额就是 100%。”[44]

盖茨相信微软应该主导应用市场，其他开发者可以享有剩余的部分。他实现了这个目标。尽管 Excel 一开始落后于 Lotus 1-2-3，Word 的早期版本远不如 WordPerfect 受欢迎，但微软在 1990 年将 Word、Excel 和 PowerPoint 捆绑组成 Office 后，获得了桌面应用市场 95% 的份额。[45] 最终，应用成了微软最大和利润最高的业务。在 2013 财政年度，微软仍然根据产品来区分统计财务结果，Office 业务占了公司销售收入的 30%，营业利润的 45%。桌面 Windows 占有销售收入的 23% 和营业利润的 33%。[46] 但是并不是所有的微软应用都取得了成功。比如，微软的个人金融产品微软 Money 就没有能够削弱财捷集团的会计软件 Quicken 的市场份额。财捷集团建立了一个忠实的客户群，并且在特色与功能上都努力领先微软一步。与之类似，在商业应用、多媒体、互联网内容上，微软都落后于专门从事该领域的竞争对手。

与格鲁夫不同，盖茨在打造自己的补充产品上毫不迟疑，尽管他也完全理解培养生态系统的合作伙伴的重要性。当他看到显著的销量和利润潜力或者战略价值时，就会大力投资。微软能够采取这个方法是因为，Windows 作为一个软件平台占有主导地位，其他开发者必须要支持它，即使微软发布的应用产品直接将目标瞄准它们的产品。

打造用户体验关键的补充物

和微软一样，苹果也大力参与开发补充产品应用。但是，与盖茨不一样的是，乔布斯主要的动力是控制用户体验，间接的动力是销量与利润的增长。一段时间之后，乔布斯学会更加依赖于第三方进行制造，开发应用与内容。然而，当他相信补充产品对于用户体验至关重要时，他坚持在公司内部打造。

iTunes 也许是乔布斯这个战略的主要例证。其他制造数字音乐播放器的企业，比如闪迪（SanDisk），从来没有开发过自己的音乐管理软件。他们依赖于第三方软件，包括 RealNetworks、MusicMatch 和微软。但是乔布斯相信 iTunes 是 iPod 重要的补充产品，也是内容发布的新平台。如果做得不好的话，iPod 也会失败。因此，苹果必须自己来做 iTunes，并且一定要成功。

另外，乔布斯笃信苹果应该创造能够展示他的设计独特特质的关键应用。比如，乔布斯坚持让苹果在麦金塔电脑绑定独特的程序，比如 MacWrite 和 MacPaint，这使得电脑用途更大，而且明显与 IBM 个人电脑不同。在第二次入主苹果时，他又回到这个主题，指挥苹果的工程师开发了 iLife——一套只能在麦金塔电脑上使用的应用。这些程序展示了苹果易用性与多媒体能力。

与之类似，苹果在出售 iPhone 时，乔布斯加入了几个关键的补充产品，比如天气应用，以强调用户体验。iPad 在 2010 年问世时，乔布斯没有等第三方来交付基本的应用软件。应用商店销售苹果内部开发的 Pages、Numbers 和 Keynote 程序——每个 10 美元，相比微软售价 100 美元的 Word 或者 Excel，这一售价很低。

坚持补充产品低价销售，甚至是免费提供，是乔布斯平台战略的一个重要部分。他理解平台市场有不同的“面”，他可以选择对哪些面收费。乔布斯选择对硬件收费，使用便宜的、普遍的补充产品来帮助推动对于苹果电脑和设备的需求。这一策略几年来运转得很好，尽管产品高价限制了苹果的市场份额，也随着竞争对手抄袭苹果的硬件（和软件）设计而变得更加艰难。

我们过去20年的愿景可以用一种简洁的方式总结出来。我们看到，计算机能力指数级的增长能够使很棒的软件变得极有价值。我们的应对方法是建立一个能够交付最佳软件产品的组织。在未来的20年，计算机能力的提高会被通信网络的指数级增长所超越……互联网是一个浪潮，它改变了规则。这是一个绝佳的机遇，也是一个巨大的挑战。[47]

——比尔·盖茨（1995）

发展并发明新的平台以避免被淘汰

尽管“拳头”产品竞争激烈，但是一旦行业平台获得了可观的市场份额，就很难被撼动。这样的坚持很大一部分原因是客户的投资“将它们锁定”。比如，一家大型机构在微软的软件授权与培训上已经投资了几百万美元，就不太可能或者根本不可能一夜之间将 Windows 个人电脑换成 Mac 机。随着平台的发展，为了保持这种锁定效应，企业通常会建立反向兼容，比如，保证老版本的 Word 和 Excel 或者数据库产品仍然能够在更新版本的 Windows 上运行。但是这种与过去的紧密结合为平台战略家创造了“创新者的窘境”：如何保证对于现有客户与补充产品而言重要的东西不被淘汰。[48]

盖茨、格鲁夫和乔布斯都很担心他们平台的发展程度和发展速度。如果发展得太快，就可能破坏与现有客户、补充产品的关系。如果进展太慢，可能会被竞争对手超越。他们既要保持与过去的联系，也要聚焦未来。正如乔布斯引用伟大的冰球运动员韦恩·格雷茨基所言，他们的工作是“向冰球移动的方向滑，而不是它曾经的位置”。[49]

扩展平台能力和特质

在英特尔，发展平台的挑战不仅意味着制造出处理速度更快的芯片或者增加更多的储存容量。它必须克服系统的瓶颈，在微处理器中创造新的特质以帮助软件程序员编写更多更好的应用。终极目标是使客户有能力从他们的电脑中获得更多的价值，而且不去买 Mac 机、RISC 工作站或者便宜的互联网设备。在格鲁夫的领导下，这些项目中最为成功的一项是 MMX 指令集，在 1997 年与奔腾微处理器一起推出。英特尔设计了 MMX 以提高微处理器处理多媒体内容的能力，包括音频与视频。IBM 对于原始个人电脑的设计不是要运行图形密集的游戏，也不是用于播放音乐与视频片段。英特尔通过在微处理器上加入 57 个新的指令，使得开发者能够编写出更快与更高质量的多媒体应用。[50]

英特尔花了几千万美元开发与测试 MMX。另外，格鲁夫划拨了大约 1 亿美元编写出利用指令集的新软件，另外还有 1.5 亿美元用于营销装有 MMX 的全新奔腾微处理器，推动消费者与企业购买新的个人电脑。这些投资很快有了回报：带有 MMX 的奔腾微处理器的销售爆棚，这成了 20 世纪 90 年代英特尔平台最为成功的一次拓展。英特尔又花了 10 年的时间，拓展能与之相媲美的平台——迅驰，使得个人电脑能够连上 Wi-Fi。

当然，并不是英特尔所有发展平台的努力都成功了。一个著名的失败案例就是格鲁夫想要改变英特尔微处理器的架构。开始在 80386 时，英特尔的中在处理器是“32 位”的，而当时最高性能的处理器已经到了“64 位”。32 位的系统处理的数据比 64 位的系统少，并且总体来讲也更慢。格鲁夫认识到产品线中这个缺点，在 90 年代早期他确信英特尔需要升级为 64 位。惠普承诺交付一些关键的元素，因此两家企业联合创造了一个新的微处理器——安腾（Itanium）。英特尔与惠普期望新的芯片能够超越市场上服务器的竞争对手，而这些对手主要使用的是RISC的微处理器。

然而事与愿违。安腾在 2001 年上市，因高成本、低产量与糟糕的性能备受诟病。帕特·基尔辛格曾经管理过这个项目，他坦言真正的问题是“糟糕的策略”。他解释道：“安腾的技术优点被夸大了，与惠普合作的优势也彻底被高估了。我们低估了一个有架构的生态系统的强度，也低估了改变这个架构的成本。”[51] 格鲁夫知道这个项目进展糟糕，但是，正如他之后承认的那样，他不理解全部的技术细节，他的经理们也不愿意自己来终止这项业务。最终，英特尔通过其 x86 志强产品线微处理器占据了服务器与数据中心的主导市场，在世界市场上赢得了 90% 的份额。但是，正如专栏作家约翰·德沃夏克在 2009 年写的那样，安腾作为“过去 50 年最大的惨败之一”被载入电脑行业的历史。[52]

英特尔与格鲁夫对于安腾的失败负有主要责任。但是在另外一个知名案例中，错误主要出在合作伙伴那里。在 90 年代中期，英特尔推出 NSP（Native Signal Prolessing, 本地信号处理），目的在于提高多媒体与个人电脑图形处理能力。NSP 主要的创新在于允许应用开发者绕开 Windows 层，直接给微处理器下指令。作为一个编程技术，NSP 加速了图形应用的性能。但是，微软认为该技术侵入了其领地，拒绝在 Windows 95 中提供支持。比尔·盖茨阐明了在“Wintel 合作关系”中的立场，他表明：“我们是软件企业，在软件上我们与英特尔不是那种平等的关系。”[53] 最终，英特尔做出了让步。“在那个时候我们没有充分地领会微软的商业模式，”格鲁夫承认，“推出一个以 Windows 为基础的软件，而微软不支持……哎，一辈子太短了，做不了这个。”[54]

盖茨并不是反对改变，但是他想要按照自己的主张来改变。在他的任期中，微软大力投资于提高操作系统的性能和功能。在 80 年代，为了应对来自麦金塔电脑的竞争，微软的工程师成功地运用其对于 Mac 机 GUI 的理解创造了在 DOS 之上的 Windows 层。在范围和能力上，这项进展都是非常顺利。这项针对 Windows 的举措保持了反向兼容，同时将平台向新的方向拓展，减少了来自麦金塔电脑的威胁。Windows 为微软与英特尔极大地增加了市场，因为成熟的客户发现图形用户界面比 DOS 更好用，即使 Windows 的使用没有像麦金塔电脑那样一目了然。

盖茨同样确保微软成功地让 Windows 纳入互联网的功能。诚然，在对于互联网重要性的意识方面，他落后于网景的马克·安德森以及亚马逊的杰夫·贝佐斯等。在这方面他甚至比自己旗下的一些工程师还落后一年。但是当盖茨在 1995 年 5 月撰写互联网的备忘录时，尽管很大程度上依赖于微软年轻工程师的分析，他仍然有充足的时间来回应。微软通过将 Internet Explorer 与 Windows 捆绑在一起，以及切断与美国在线这样的竞争者的分销交易，占据了网络浏览器市场。简而言之，盖茨可能晚了点儿，但是也没有太迟，并且他毫不犹豫地采取了行动——有时，他这种迅速甚至违反了反托拉斯规定。回顾 1999 年，盖茨回忆道："我们 1995 年 12 月带着互联网战略上市的时候，它就跟该死的鱼雷一样，全速前进。就像我之后几次提到过的那样，如果我们破产，那一定不是因为我们没有聚焦互联网，相反，是因为我们太过于聚焦在互联网上了。"[55]

认识到新平台的必要性

盖茨与格鲁夫不足的地方，特别是相比于乔布斯不足的地方，是抓住新的非个人电脑平台所提供的快速增长的机遇。他们两个人认识到了互联网设备与手持消费电子设备潜在的爆炸性发展能量。比如，格鲁夫在 1998 年从美国数字设备公司购买了一个 ARM 微处理器的许可，并且开始引领英特尔走向智能设备低功率中央处理器的制造路径。1997 年下半年，盖茨将他写的备忘录发送给公司高管：

上次去了日本之后，我摆脱掉了对于非个人电脑设备的巨大担忧。屏幕、数字音频、数字视频、语音、手写和互联网领域都有巨大的突破，一个巨大的风险是我们不会被要求提供这些设备的操作系统……Windows 售价高达 500 美元的机器确实让这些非个人电脑设备更加有吸引力。我需要超级便宜的 Windows CE……我们需要一个聪明的解决方案。[56]

但是，认知度与投入是不同的。英特尔从来都没有完全投身于 ARM。2006 年格鲁夫作为主席退休之后，英特尔卖掉了 ARM 业务。在微软，工程师试图将 Windows CE 压入更小的设备中，而不是从零开始重新开发一个操作系统。那个时候，盖茨可能因微软的法律诉讼分了心；无论如何，在他意识到新的平台即将到来的时候，他没有能够引领资源有效地回应。保罗·马里兹在 90 年代曾负责微软的 Windows 事业部。据他所说，他本人、盖茨还有其他人都看到了新平台正在出现，他们不是没有看到。但是个人电脑与 Windows 和 Office 的企业销售产生了很多收入，很难放弃它们。微软的高管“从一个个人电脑的视角”来审视这个转变，他们认为新的需求没有现有的业务那么急迫。只有一个例外，微软有“勇气去做一些不以个人电脑为中心的业务”——Xbox 游戏平台。它是 90 年代后期开始开发的，在 2001 年问世。[57] 和英特尔一样，微软最终没能在下一个十年推出许多新的重要平台，主要是数字媒体播放器、智能手机、平板电脑以及软件，即服务与云计算。

同期，苹果在推出新平台上行动最为迅速。考虑到乔布斯“产品至上”的导向，这看起来有些讽刺意味。但事实上，苹果新平台的成功与其旧平台的弱点直接相关。乔布斯与苹果的其他高管觉得从根本上创新并不难，因为即使与过去决裂，他们的损失也很少。在20世纪90年代与21世纪最初几年，麦金塔电脑在计算方面虽位居第二，但是落后很多，只有全球市场上3%~5%的份额。因此，苹果可以大力开发新的产品品类，而不用太担心平台兼容性、自相蚕食，或是对于其生态系统中相对数量较小的合作伙伴与客户有多大的影响。

对于乔布斯来说，他从来没有展示出与过去的版本保持兼容的兴趣，因而支持新的平台也较为容易。艾维·特凡尼安曾是苹果的软件负责人，他描述乔布斯的理念是“没有救生船”。特凡尼安解释道：“救生船会使人们变懒并且产生依赖性。如果你想要开发者使用一些新的东西，就不要让他们用旧的东西。”[58] 这个理念随着乔布斯与过去决裂变得更加明显——1984年1月推出了麦金塔电脑。Mac机在首秀的时候并没有运行苹果二代的任何应用。直到1985年11月，苹果发布了一个仿真程序，允许Mac机运行几个无版权的苹果二代的应用。[59]

随着接下来平台的改变，苹果稍微加大了努力，让客户的转换过程更加平缓。但是相比微软和英特尔对于前向与反向兼容的全线投入，他们的努力显得微不足道。2001年3月，苹果发布了OS X代替老旧的麦金塔电脑操作系统，它使得叠加在OS X上的仿真程序可以使用，并且模仿了经典的Mac机OS。这使得客户可以继续使用他们之前的Mac机软件，但是速度要慢很多，因为这里面涉及了额外的编程层。[60] 与之相似的是，2006年乔布斯终止了苹果与 IBM 和摩托罗拉 20 年的合作关系，转而使用英特尔的芯片。苹果将仿真软件与新的 Mac 机进行了绑定，这样用户可以运行他们的原有软件。但是，升级到新机器的用户仍然需要熟悉一个新的界面，开发者需要再次了解一个新的编程环境，就像 5 年之前发布 OS X 那样。

在 iPod 与 iPhone 开发过程中，苹果的工程师想要将 iOS 基于移动版的 Linux，如果是这样的话，就可以发掘现有的开源程序员的生态系统。但是乔布斯拒绝了这个方法，根据乔恩·鲁宾斯坦的说法，乔布斯的梦想是“一个 OS 贯穿一切”。[61] 另外，他“讨厌开源”。鲁宾斯坦解释说：“他对于知识产权（IP）感到非常担忧，担心之后会有人找上门来，我们不得不赠送我们的技术。”结果，苹果的工程师通过去除 Mac 机 OS X 的多任务以及其他的特征创造了 iOS。这些决定一开始限制了 iOS 的功能性，新的操作系统与麦金塔电脑的应用不兼容。一段时间后，苹果缓慢而谨慎地决定扩展 iOS 的功能性，将 iOS 核心软件的某些方面与用户界面整合到 Mac 机 OS 上去。

今天，苹果与微软继续执行着乔布斯与盖茨定下的规则。苹果继续致力于设计出很棒的产品，提供极佳的用户体验，在必要的时候，与过去决裂。微软继续依赖 Windows 桌面与服务器以及 Windows 应用（主要是 Office），获得大多数收入与利润。在这些限制下运行的两家公司，都在谷歌的安卓系统主导的移动平台上奋起直追。谷歌和安卓的合作伙伴没有受到以往发展成果的限制，他们成功地游刃于盖茨与格鲁夫在 80 年代与 90 年代主导的平台游戏。

从大师那里学到的经验

平台市场是一个通过越来越多用户与补充性产品和服务驱动，以技术与网络效应为基础的产业。在这个市场上，不论是录像机、个人电脑或者智能手机，过去的发展结果都表明，最好的平台，而不是最好的或最先生产出来的产品，会在长期取胜。在比尔·盖茨与安迪·格鲁夫的事业生涯中，他们设计了在这样的市场中经典的剧本：第一，在做出设计、性能以及价格方面的关键决策时，先考虑平台，再考虑产品。第二，通过推动补充产品的成功，并且方便它们接入你的平台，鼓励一个强有力的生态系统的成长。第三，通过自己创造一些补充产品，解决鸡还是蛋的问题，并且推动对于新的平台版本的需求。最后，不要停留太久，不要仅仅满足于销售原有技术，即便消费者还在持续购买它。发展平台，至少是逐渐加入新的想法和特性，特别是加入威胁你地位的竞争者的想法。

最后一点触及了平台领导者的创新窘境。像 DOS/Windows 这样成功的平台或者英特尔 x86 微处理器生产线创造了巨大的持续的收入流，比尔·盖茨在 1994 年称其为来自“网络外部性”的“年金”。平台越成功，进行重大的改变或者转做全新的东西对于收入和利润来说就风险越大。同时，客户以及第三方补充产品生产公司都投资于现有的平台，他们一起生成强大的网络效应，带来使用、价值与客户锁定指数级的增长。然而每个人都知道，最终总会有一个更好的捕鼠器。有了正确的策略，新的平台领袖就会出现，要么分化现有的市场，要么替换掉保守派，有时似乎就是眨眼间的事。这就是诺基亚与黑莓在遭遇苹果抢占它们曾经主导的手机平台时所经历的情况，也是谷歌免费提供安卓软件、建立合作生态系统时苹果所经历的事情。

尽管领先的企业有可能很久把持住他们的原有平台，但这里面有一个悖论：在行业广泛接纳方面一个平台越是不成功，这个平台企业就越有动力去创新，尝试新的东西。正如我们看到的iPod、iPhone 和 iPad，一家企业与过去决裂，为可能成功的新市场建立新的平台，财务回报上要多得多。

总体来说，我们从盖茨、格鲁夫和乔布斯那里学习到，平台战略的确是关于理解选择与平衡——是应该更加强调单一的产品，还是强调能够为每个人将蛋糕做大，并且可能主导市场，为平台领袖和合作伙伴打造持续的市场地位。在考虑各类选择时，关键问题是什么时候做什么。长期来看，由补充产品与网络效应所定义的市场，建立最佳平台——最为开放的平台，能吸引最大数量用户与补充产品的平台——应该是最佳竞争方式。在其他情况下，比如技术即将诞生，或者一个企业真正拥有定义品类的突破性设计，那么最好是“产品优于平台”，至少短期内是这样的。在这样的情况下，企业需要找到正确的新产品。但是，如果是打开了机会，向平台这个方向移动，将产品设计与商业模型变得足够灵活来支持行业平台策略也是有用的。

第四章

利用杠杆和权力——玩柔道和相扑

战略思考是商业中有趣的一部分。伟大的战略家会在企业发展目标、企业长期愿景、计算机下大赌注，在他们希望打造的产品、平台和生态系统上进行宏大思考。但是仅仅进行宏大思考是不够的。想要成为伟大的战略家，你需要将自己的愿景以及高层的想法变成触及客户并且挡住竞争对手的战术、行动以及组织。在本章中，我们会探索战略思考与交付实际结果之间的战术联结。之后，我们会讨论建立体现领导独特竞争优势的组织。

阿瑟·洛克是硅谷最为著名的风险资本家之一，也是英特尔与苹果的早期投资者。他曾经写道："制定战略挺容易，但是制定战术——每日、每月管理业务的必要决策——很困难。"[1]有些首席执行官可能想要把这个比较难的工作委派给下属，但是比尔·盖茨、安迪·格鲁夫和史蒂夫·乔布斯都没有这样做。他们三个人都紧密地参与每日战术决策以及长期战略制定。盖茨很喜欢深入研究软件代码，在算法层面挑战他的工程师，至少 90 年代早期是这样的。格鲁夫喜欢感受每周销售数据与营销活动的脉搏，并且喜欢密切跟踪其生产能力对于财务的影响。乔布斯因为追求产品设计与营销的真谛而闻名。

同时，这三位都因“毫不妥协”的风格闻名。在极客、工程师、唯美主义者的表象之下，盖茨、格鲁夫和乔布斯是不惜一切代价求胜的激烈竞争者。谈到削弱对手、压榨合作伙伴或者让迷失的消费者在他们预定的路线上行进等方面，他们毫不犹豫。他们领导初创公司成长为有实力的大型企业，他们也高明地行使市场权利，保持在市场顶端。因此，他们经常在媒体上被点名，有时是监管方，他们被描写成恃强凌弱或者更糟的形象。

但是这三名首席执行官都是比他们的公众形象看起来更加狡猾的战术家。他们因依赖于企业的力量和规模采取的行动而闻名，比如杰克·韦尔奇所说的“买下或者埋掉竞争对手”[2]，他们通常运用强调头脑而非力量的战术。在他们的任期中，盖茨、格鲁夫和乔布斯拥有许多战术策略库，根据他们面对的不同情境选择战术。有一些选择让人吃惊，比如“小狗战术”，我们在后面将有所阐述。有时，成功的大型企业的领导会忽视这些战略，或者在他们升迁的过程中，将其视为临时策略而抛弃掉，现在他们落后了。但是盖茨、格鲁夫和乔布斯在他们的竞争方式中展示出了非同寻常的灵活性。他们会自由采用通常与弱小的初创企业相关的战术，也会采用全力出击的战术。

换言之，这三个人都是我们之前所说的柔道和相扑战术大师。[3]从名字中就可以看出，相扑战术基本上依赖于一个企业的力量和规模。在这个范畴中，包括一些大家熟悉的招数，比如锁定供应商、买下竞争对手，以及不惜血本的价格竞争。相比而言，柔道战术需要熟练、灵活以及战术上胜过对手的能力。柔道竞争者使用手段来让自己的影响最大化。他们也依靠秘密行动和速度进入比赛，靠近对手以降低自己在攻击中的脆弱性，并且寻找机会抵消或者利用对手的力量。

盖茨、格鲁夫和乔布斯都混合了柔道与相扑的战术。本章中，我们将讨论在他们的成功中受到柔道启发的三个突出的原则，以及一个相扑原则。

战略法则 4：利用杠杆和权力——玩柔道和相扑

1. 保持低调。
2. 靠近你的敌人。
3. 拥抱对手的优势并将其延伸。
4. 不要害怕仗势欺人。

史蒂夫·乔布斯不会威胁音乐产业……他不会让唱片公司感到害怕，因为史蒂夫只不过是一个有想法的人而已。[4]

——吉米·艾欧文（2013）

保持低调

被低估——事实上，欢迎被低估——在进入新市场时能够给你带来关键的优势。一开始许多野心勃勃的企业家或者首席执行官可能并不接受这个方法。保持低调可能会违背他们的想法。许多领导都自信、性格外向，喜欢吹响号角。但是从战术的角度来说，太早向世界宣布你的想法可能是一个严重的错误。避开聚光灯并且避免直接竞争通常是一个更好的方法。我们把这个战术叫作“小狗战术”，源自朱·弗登博格和让·梯若尔这两位著名的经济学家，他们是2014年诺贝尔经济学奖得主。[5] 该战术的目标是尽可能看起来不触犯他人，让竞争者对于你的意图全然不知或者通过伪装与误导让他们持续猜测。

小狗战术

史蒂夫·乔布斯并不是因躲避聚光灯而闻名，但是他用自己的方法成为小狗战术最伟大的信徒之一。其中一个著名的案例是他发布iTunes的方式。乔布斯首先决定他需要一个音乐商店。据苹果的高管乔恩·鲁宾斯坦称，乔布斯想要买下环球音乐集团。但是这项计划很快破产了。正如鲁宾斯坦回忆说，苹果的首席财务官“弗雷德（安德森）得知音乐业务的经济收入时，差点犯心脏病，所以弗雷德不允许史蒂夫买环球。另外，说实话，我认为在战略上不买是正确的，因为如果他买下环球，其他的音乐公司就都变成我们的敌人了。”[6] 与之相反，大型音乐企业认为苹果不会构成威胁，而乔布斯利用了这一点。苹果与其竞争对手MP3播放器制造商索尼不同，它没有直接与音乐公司竞争，即使在其主营的个人电脑市场中，它的份额当时也只有极小的2%。乔布斯没有把这个看作弱点，他在与音乐公司高管的谈话中将苹果有限的市场描述成了有利条件。正如鲁宾斯坦回忆说，乔布斯说服他们的说辞大致就是："把音乐授权在 Mac 机上使用能有什么危害呢？就当是做个试验好了。"[7]

这个战术奏效了。音乐公司与 iTunes 签约，它们相信自己将会主导这个业务。吉米·艾欧文是 Interscope Geffen A&M Records 的联合创始人与主席，Dr.Dre 是 Beats Electronics 的联合创始人，2014 年 3 月苹果以 30 亿美元收购了这家音频产品与音乐流生产企业。从对这两位的访谈中，我们也得到一些观点。吉米·艾欧文称每个人都预计 iTunes 会有两到三个竞争对手，音乐公司（以为他们自己）掌握所有的权利，因为乔布斯得到的只是一年或者两年的音乐合同，而他们可以随时终止授权。我认为唱片公司不害怕他，因为史蒂夫只不过是一个有想法的人而已。"[8] 具有讽刺意味的是，这种麻痹思想在参与 iTunes 条款的艰苦谈判中帮了乔布斯：音乐公司想要将音乐作为唱片卖一个更高的价格，而乔布斯想要每一首歌卖 99 美分。如果音乐公司的高管把苹果更当回事儿的话，他们可能会坚持自己的立场并且获胜——毕竟，苹果更需要他们。但是最终，他们的低估帮助史蒂夫·乔布斯获得了想要的东西。唱片公司觉得不涉及什么关键的利益，结果很容易就让步了。

利用隐形

乔布斯并不总是试图看起来毫无威胁，但是作为保持低调的方法，他的确长久沉迷于隐藏苹果的计划。早在 1981 年，乔布斯得到消息，即将出版的新一期 InfoWorld 里有一篇关于苹果的三个新项目的报道，他给该报道的记者打电话，严厉地斥责了他，说即使是披露项目的代号——丽萨、麦金塔电脑和戴安娜（之后的苹果 IIe）——都会给他的竞争对手带来核心优势。最终报道还是发了出来。但是乔布斯还是有最终的话语权。1983 年 InfoWorld 的记者获得授权对苹果园区麦金塔电脑大楼进行“媒体参观”时，只能参观大楼的大厅。[9]（InfoWorld 逃过了严厉的责罚。2005 年，乔布斯起诉了几家透露苹果及其产品相关信息的网站。在一个案子中，苹果企图强迫两家网站透露出他们的消息来源。苹果最终败诉，不得不支付 70 万美元的法律费用。）

在苹果内部，乔布斯同样强硬，他创造了一个严格保守秘密的文化。一名前员工回忆道，在开会之前，乔布斯会提醒每一个人“从这个会议中泄露出去的任何事情不仅会让我们失业，而且会受到我们律师的起诉。”[10] 一点也不让人奇怪，苹果的组织设计就是要最大程度地保密。乔恩·鲁宾斯坦带领团队开发 iPod 时，苹果内部知道这个项目存在的不超过 100 个人。[11] 正如鲁宾斯坦在 2000 年时所说：“我们有单人小房间，就像恐怖组织那样。”[12]

对于保密的执迷也延伸到了苹果的供应链上。在产品发布的前几周，乔布斯将电子监控设备放到零件的盒子里面，以跟踪它们在工厂中的位置。据传闻，苹果曾经用番茄盒子运送产品。[13] 这样做的目的是保护苹果的贸易秘密以及知识产权，使得竞争对手难以对公司的行动有所回应，同时也避免了新发布的产品对于现有产品销售的影响，因为消费者如果不知道下一代产品什么时候推出的话，就不太可能等着买新产品。最后，可能也是最重要的一点，严守秘密成为戏剧性产品发布的前提，苹果因此闻名。乔布斯利用秘密，推动苹果的营销与销售。

利用误导

乔布斯不仅决心要掩盖苹果的踪迹，他同样积极试图引导苹果的竞争者误入歧途。乔布斯可能没有读过《孙子兵法》，但是他领会了这位中国先贤的教诲："兵者，诡道也。故能而示之不能，用而示之不用。"[14] 吉恩·芒斯特是一位行业分析师，在乔布斯领导苹果时，他曾经跟踪研究苹果几年时间。他评论说苹果定期"堵塞频段"，防止产品计划信息公之于众。他记得苹果一位高管告诉他说，苹果没有计划发布没有屏幕的廉价 iPod，但是不久苹果就发布了 iPod Shuffle。芒斯特只是许多发现收到苹果错误信息的众多分析师与记者中的一个。[15]

沃尔特·莫斯伯格是资深的技术记者，2003 年 6 月，他在《华尔街日报》首届"全部数字化"年度会议上采访了乔布斯。采访中充斥着苹果对于未来愿景的误导信息。其中一些重点是：苹果没有计划制作手机或者平板电脑，也不认为用户会想要在 iPod（或者任何有小屏幕的便携装置）上浏览照片或者看视频。在描述 iPod 的灵魂时，乔布斯坚持说："这是音乐，傻瓜，这是音乐。是听音乐的东西。"他告诉莫斯伯格，他"不相信人们想要在一个能够到处携带的小屏幕上看电影"，而且藐视在便携设备上看照片和电影是"投机市场"。但是仅一年后，苹果就发布了带有彩色屏幕、可以看照片的 iPod；2005 年，有视频功能的 iPod 问世。

与之相似，说到当时比尔·盖茨着力推广平板电脑（尽管是带有手写笔的），乔布斯告诉莫斯伯格："人们要的是键盘。"并补充道："我们看过平板电脑，我们认为这个产品不会成功。"被追问平板电脑作为阅读设备怎么样时，乔布斯承认它优于手提电脑，但是坚称它仅有的市场将是"买得起第三台电脑的少数有钱人"（除了台式电脑和手提电脑）。他开玩笑说，平板电脑的市场太小了，即使对于苹果来说也太小众了。但是事实上，平板电脑在苹果内部是经常讨论的话题。[16]据艾维·特凡尼安称，苹果早在2002年就开始试验触摸键盘和平板电脑。[17]乔恩·鲁宾斯坦确认，到2003年，苹果已经投资于平板电脑的多点触控技术。[18]苹果在2004年3月为平板设备申请专利，2003年夏天时，公司显然没有放弃平板电脑。[19]

即使在苹果2010年发布iPad之后，乔布斯还继续在有关该设备的计划上误导市场。比如，他取笑更小的7寸屏幕的竞争产品（最初的iPad是10寸屏幕）。乔布斯称：

> 平板电脑无法跟智能手机的移动性竞争，它很容易放进你的口袋或钱包，你在人群中使用时不会引人注目。所有平板电脑的用户几乎都会有一部智能手机在口袋中，放弃珍贵的小显示屏，将平板电脑装进口袋里显然是错误的权衡。7英寸平板"左右不靠"，跟智能手机比屏幕太大，跟iPad比屏幕太小。[20]

事实上，苹果的高管正在考虑开发他们自己的"左右不靠"。在2011年1月的电子邮件中，iTunes的领导艾迪·库伊写道，他对于较小的平板电脑持积极的态度，“自感恩节以来已经跟史蒂夫提过几次，他似乎在最近的一次谈话中表示接受”。[21] 这最终带来了更小的平板电脑，iPad Mini 在 2012 年年末推出。

在乔布斯首席执行官任期的最后阶段，他的神秘获得了丰厚的回报。比如，由于苹果成功地保持低调，现有的参与者都根本没有准备好与 iPhone 竞争。苹果彻底地脱离了现有的产品和技术，以至于诺基亚的管理层很多年都完全忽视了 iPhone 的威胁。在 iPhone 发布之前，微软占有智能手机 20% 的市场份额，微软曾不屑地认为 iPhone 就是个玩具。微软的首席执行官史蒂夫·鲍尔默有个非常著名的论断：“iPhone 不可能占有重要的市场份额。不可能。”[22] iPhone 发布后的几个月，鲍尔默还是不能相信。他告诉采访者：“500 美元……全世界最贵的手机，它不能吸引商业用户是因为它没有键盘……我们每年销售几百万部手机，苹果的销量是零。”[23]

我们必须摒弃这种苹果想要赢微软就一定要输的想法……在我看来，苹果与微软竞争对立的年代已经过去了。[24]

——史蒂夫·乔布斯（1997）

靠近你的敌人

与现有的或潜在竞争对手合作，是咄咄逼人的高管们不太擅长的另外一个战术。竞争的本能通常会驱使他们想要“赢”。许多领导者更有兴趣控制环境，而不是建立合作关系或者分享他们的成功。但是通过与竞争对手合作，你可以巩固自己的地位，限制对手行动的空间，同时推迟、转移甚至在对你的进攻中占领先机。在柔道中，我们管这个叫作在对手上使用固技。聪明的柔道战术家会找到办法与关键的对手建立合作关系，同时保护自己的地位。这个举措的目标是近身，控制这个关系，使对手难以将你打倒。

比尔·盖茨与史蒂夫·乔布斯都是“竞合”（Eo-opetition）大师，同时与别的企业竞争、合作。[25]（相比而言，英特尔通常直接与对手竞争，部分原因是考虑到反托拉斯法。）在微软发展早期，盖茨发现了与IBM这个电脑巨头竞争的同时，又与其合作的方法，以此来定义 PC 平台的未来。盖茨还与乔布斯紧密合作来打造麦金塔电脑的应用。这帮助他了解到开发图形用户界面的细节，之后他利用这些所得开发了 Windows。对于乔布斯而言，他在 1997 年与比尔·盖茨和微软达成了暂时和解，并且让微软继续在麦金塔电脑平台上开发应用，从而获得了战术上的胜利。

竞合

比尔·盖茨非常擅长竞合。我们习惯于认为微软是一个占优势的、强大的企业，一个软件领域的歌利亚对抗其他人的戴维——尽管这个歌利亚通常最后获胜。然而，正如我们在第二章中所讨论的那样，在 80 年代，微软是 IBM 的一个资浅的合伙人，它与这个电脑行业巨兽的关系让人心神不安。有 10 年的时间，盖茨控制着这个巨型企业，他一直将其看作潜在的对手。他的做法让我们想起了那句老话“和你的朋友拉近关系，和你的敌人要更近！”

考虑到 IBM 的规模、资源以及作为历史标准设定者的能力，它本可以在行业发展早期自造个人电脑操作系统，把微软晾在一边。在 80 年代中期时，IBM 也尝试这么做。那些憋着想说“微软，去见鬼吧”的企业高管推动了一个叫作 CP-DOS 的新操作系统的开发。[26] IBM 的工程师也在开发一个叫作 TopView 的产品，这是 Windows 的一个潜在竞争产品，盖茨之后描述其为“想要将我们设计出局的许多尝试之一。”[27] 为了回应这些做法，盖茨努力向 IBM 推销微软连续推出 DOS 与 Windows 多个版本的计划。IBM 并不支持微软的路线图，但是盖茨消除了一份威胁，IBM 决定将 CP-DOS 项目与微软 DOS 合并。两家企业也签署了一项联合开发新操作系统的协议。1985 年，这项协议的结果——OS/2 问世了。

但是在盖茨推动联合开发项目的同时，微软也在开发 Windows。史蒂夫 · 鲍尔默试图说服盖茨放弃 Windows，完全投入到 OS/2 中，但是盖茨拒绝了。尽管盖茨想要继续与 IBM 合作，以避免两家公司成为打肉搏战的竞争对手，但是他深知两家公司在文化与愿景上有着根本的不同，长期合作前景渺茫。1986 年在微软应用的后退中，盖茨宣称：“IBM 失败了，我们都知道他们失败了。我们未来几年要做的事情就是玩迷宫老鼠的游戏。”[28] 他们一次次尝试似乎想要改善这个关系，但是他们知道这些很可能根本不奏效。实际上，盖茨成功地尽可能长时间与 IBM 保持合作，避免毁灭性的打击，同时为不可避免的对抗做准备。

从零和到双赢

史蒂夫·乔布斯和比尔·盖茨一样，并不因合作风格而闻名，但是两人都愿意在符合自身利益时合作。1997 年 8 月，苹果在挣扎中生存，乔布斯在波士顿麦金塔世界博览会上让苹果的信徒吃了一惊，他宣布苹果与微软签署了一份合作协议，而微软一直以来都是苹果的对手。根据协议，微软将要购买 1.5 亿美元苹果的无投票权股份，并且持有至少三年时间。微软同时保证连续 5 年开发麦金塔电脑版本的微软 Office 和 Internet Explorer，并且更新频率至少与 Windows 相同。另外，微软同意支付苹果一笔费用（具体金额并未披露，传言称是 1 亿美元），来解决苹果长期以来关于微软 Windows 操作系统侵犯其专利的争端。作为回报，苹果同意将 Explorer 作为麦金塔电脑操作系统的默认网络浏览器。[29] 尽管苹果只占有电脑市场很小的份额，微软认为本协议是推动 IE 主导网络浏览器市场的重要举措。

苹果大会中有一些人为协议的宣布喝倒彩。乔布斯以一个温和的训斥回应：

> 我们必须放弃苹果要赢，微软就必须要输的想法……在我看来，苹果与微软竞争的时代已经结束了。这是要让苹果健康发展，让苹果为行业做出巨大的贡献，再次兴盛。[30]

乔布斯 10 年之后告诉《华尔街日报》记者：“如果这是一个

零和游戏，苹果必须赢、微软就必须输的话，那么输的应该是苹果。”[31]

那个时候，苹果正在为生存挣扎。与微软的协议是一个精明的战术行动。苹果在桌面电脑市场上的份额下滑到了2.8%，公司在过去的18个月里损失了16亿美元。[32] 这项交易不仅为苹果输入了现金，解决了长期的法务争端，还为苹果的未来投了一张信心票。若没有微软的协议，苹果已经“离去了”，正如乔恩·鲁宾斯坦所说：“不装Office的话，谁会买Mac机呢？那样我们就完了，因为没有Office什么都做不了。”[33] 事实上，在签署协议这件事上，盖茨可能犯了一个巨大的战术错误：如果盖茨没有帮助乔布斯摆脱困境的话，10年之后苹果可能就不存在了，也就不会侵扰微软，并最终取代它成为有史以来最有价值的企业。

尽管乔布斯说苹果与微软竞争的时代结束了，但它们之间的对抗仍然很猛烈。除了继续桌面电脑市场的战斗以外，两家企业接下来的几年中在数字音乐播放器、智能手机、平板电脑与云计算方面展开了竞争。在多数市场中，尽管苹果起先处于弱势地位，但是后来都占了上风。1997年通过抓住竞争对手，乔布斯不仅努力保持住了自身平衡，同时也获得了一个更加强势的地位，这帮助苹果在许多方面战胜了微软。

> 拥抱（我们的竞争对手）做得好的地方，然后超越……[34]
>
> ——比尔·盖茨（1995）

拥抱对手的优势并将其延伸

许多高管一笔抹杀的第三个战术是弯腰抄袭竞争对手。模仿通常被视为虚弱的标志，或者是企业江郎才尽的信号。模仿也可能意味着承认失败：最初的战略没有奏效；或者也许方向是正确的，但是执行太糟糕。不论是什么原因，公司发现自己在跟随竞争者的领导。这不是许多领导者积极追求的结果，或者希望追寻的结果。但是盖茨、格鲁夫和乔布斯认为，应对挑战的最佳方法之一就是拥抱对手的优势并将其延伸。按照这样的洞见行事，虽然放下了他们的骄傲，但是他们带领企业走向了更大的成功。

即使通常被认为是伟大创新者的史蒂夫·乔布斯，也无法避免模仿，正如 2010 年苹果内部邮件显示的那样。在谈及 iPhone 的问题以及苹果有关云计算的策略时，他对于公司需要做什么毫不拐弯抹角。他对于 iPhone 操作系统（iOS）的战略很简单："我们落后于安卓的部分（通知、共享、语音……）要赶上，并且要超过他们（Siri……）。"[35] 他对于 iCloud 的前身 MobileMe 的描述也很直白："战略：赶上谷歌云服务并且超过他们（照片流、云存储）。"[36]

与之相似，安迪·格鲁夫在 90 年代初也跟随竞争者的脚步，当时英特尔面临着 RISC 芯片的重大威胁——这是基于一项竞争性技术的高性能微处理器。正如我们在第三章中讨论的那样，当时，RISC 芯片似乎注定会主导高端计算市场，特别是服务器与工作站。有些观察者同样期望它能够成为桌面电脑与其他设备的标配，将 CISC 芯片推到行业的边缘。作为英特尔董事会的一名成员，大卫·尤费当时问道：如果 RISC 真的更好的话，我们怎样做才能赢？如果就像对手所称，RISC 更快、更便宜，英特尔是否在劫难逃？

答案是否定的。RISC 有某些技术优势，比如“超标量指令流水”，这是一种在同一处理器上的平行处理，但是将这些特性加入英特尔的 CISC 设计在技术上是可行的。从 90 年代初开始，英特尔就开始重新设计芯片，加入 RISC 的特性，并部署其生产能力以大量生产更高性能的新型微处理器。英特尔芯片的性能得到提升，企业的成本下降，英特尔最终夺取了工作站与服务器 80%~90% 的市场，之前这些市场都是由 RISC 的机器主导的。

比尔·盖茨通过模仿获得了更大的效果。比如在 80 年代，许多软件企业试图竭力维持一项业务，销售可以通过释放磁盘空间、保护与管理数据、创造计算机网络或者提供其他服务的实用程序，来提升微软 DOS 的性能。1990 年，诺勒有限公司发布了其新版本的 DOS，加入了这些特点与实用程序。微软的回应是与诺勒有限公司联合，并且加大投入。MS-DOS 5.0 于 1991 年发布，其中加入了用户强烈要求的许多特性。这些特性包括存储冗长命令的简单实用程序，以及恢复用户意外删除的文件的工具。在 DOS 5.0 之前，其他企业已经提供了这些工具和特性。在 DOS 5.0 之后，他们不得不慌乱地寻找新的利基市场。随着新的供应商出现为 DOS 5.0 增加价值，微软再次将关键新想法融入其下一个软件——DOS 6.0，于 1993 年推出。一位评论员这样说道：“将

LapLink、Stacker、Take Charge、V-Buster、Norton Utilities 和 Battery Saver 加入 MS-DOS 5.0 之中，你就拥有了与（MS-DOS 6.0）极为相似的东西。但是 MS-DOS 6.0 的售价远比这些程序加在一起低很多。”[37] 这些程序的开发者前景黯淡。对于微软和消费者而言，则是双赢。

但是微软仍将面临最大的竞争挑战。1995 年秋，尽管微软新的操作系统 Windows 95 获得了巨大的成功，但世界绝大多数地方都宣称微软是恐龙。互联网开始起飞，网景占有网络浏览器 90% 的市场份额。微软花了几百万美元在老式的私有网络服务上面，它似乎错过了互联网这艘船。但是在那一年的 12 月 7 日，盖茨宣布了一个绝妙的进攻计划：微软没有抵制网景所引导的以网络为基础的技术，而是“拥抱并延伸”它们，乘上互联网的顺风车。公司准备放弃自家的技术，接受或者适应“所有受欢迎的互联网协议”。盖茨宣称：“任何一项有着众多发布者使用并且利用的技术，我们都会支持。我们会将这些进行延伸，这也是网景正在做的。”[38]

三个月之后，微软同样“拥抱”并且获得了 Java 的许可。Java 是由对手太阳计算机系统公司开发的，自称“一次编写，随处运行”的编程语言。Java 一开始是作为能够在 Windows、UNIX 和 MacOS 等不同操作系统之上运行的平台而推出的。开发者不是为每个不同的操作系统编写单独版本的软件，而是写一个能够在不同的设备上运行的可下载的 Java 版本。如果这个愿景实现了的话，消费者就不会再因为之前在软件上的投资而被锁定在一个操作系统中了。毫不令人吃惊的是，微软的第一反应就是不论在哪里，不论如何，封锁Java。但是在1996年3月，盖茨方向大转，决定接受Java，并且将其在语言上分裂为互相竞争的版本方面进行延伸，去除其“一次编写，随处运行”的威胁。

“拥抱并延伸”是纯粹的利用与巨大的战术魄力。微软无法打败网络。到了1995年下半年，拉拢消费者回到由专有技术和最初的美国在线那样封闭的内容社区所定义的愿景之中已然太迟了。但是，通过拥抱网络技术，包括HTML和Java，微软能够在每个功能上与网景的Navigator相媲美，并且通过提供与之等同的免费浏览器赢回市场（Navigator则要花费49美元）。本质上，微软要使用网景袭击中的力量——互联网——来将其击败。随着越来越多的人涌入网络，微软可以使用Windows和Internet Explorer将他们锁定。

此外，微软计划走得更远，通过将浏览器嵌入Windows和Office将其延伸。这将会鼓励更多的人选择IE而不是Navigator。简而言之，这个计划是将竞争对手的产品变成一个商品，奋起直追，并且不断加入差别化的功能。比如，用户可以使用Windows 98在桌面电脑上直接获取网络内容，并且可以选择让桌面电脑的环境模仿浏览器的外观与感觉。结果是用户对这个特性没有什么兴趣。尽管如此，盖茨决心将互联网功能整合进Windows，使得Windows成为基于互联网应用的强大平台，保持微软个人电脑软件开发主导的地位与桌面电脑之王的地位。

我可以买下你20%的业务，全部都买下，又或者我可以自己进入这个行业并埋葬你。[39]

——比尔·盖茨对美国在线首席执行官史蒂夫·凯斯所说（1993）

不要害怕仗势欺人

柔道战术占了这三位首席执行官的战术组合中的很大一部分，通常也是不被欣赏的一部分。但同样重要的是，盖茨、格鲁夫和乔布斯并不害怕仗势欺人。在盖茨决定微软的工作重点是将其在互联网技术领域的市场份额从几乎是零增长到30%时，他并不是单纯依赖“拥抱并延伸”的战术。更加传统的战术同样扮演了重要的角色，比如，微软计划中的一个步骤是“获得顶尖网站的80%，锁定我们的客户。”为了达到这个目标，盖茨计划直接利用微软的力量。在司法部发表的一份著名的备忘录中，微软宣称的战略是：“我们需要去前五大网站问问，‘怎样做才能让你使用IE？’我们应该准备好写支票、买网站或者增加功能——不惜一切代价。”[40]

如何在12个月内获得30%的份额（推荐概要）

1. 信奉互联网。今天网景是一个互联网友好型企业，而微软并不了解互联网。作为一家企业，我们需要信奉互联网。微软的每一个团队都要问自己如何改进互联网，以及如何能为互联网提供其他企业可以从中受益的新价值。我们要像曾经对图形用户界面和Windows那样，全身心投入互联网的成功。我们需要专注于一个公关活动，这需要清楚地说明我们如何让互联网对企业更好，以及如何创造更多机会，而不是如何让其不同。

2. 克隆并超越网景。PSD要严肃对待克隆网景。我们必须有一个计划，克隆他们今天所有特性，以及从现在开始到我们发布新的产品之前他们增加的所有特性。我们必须将此作为工作的唯一重点，并且集合最优秀的人员。除了我们已经规划的Win32/OLE的工作，我们必须严肃对待延伸并且拥有HTML格式这项工作，在这个过程中利用我们现有的资产向前推进。我们需要将Forms3的运行时间根据Internet Explorer进行调整，并且确保Forms3的运行时间能够处理HTML延伸的二维布局。我们同样必须采用RTF，将其再利用，使其成为HTML的自然延伸，改变我们的Word与其他文本编辑器，来读写这个新的格式。

3. 获得顶级网站的80%，锁定我们的用户。内容驱动着浏览器的采用，我们需要到排名前五的网站问问“怎样做才能让你使用IE？”我们应该准备好写支票、买网站或者增加功能——不惜一切代价。在这项工作中，我们要将现有的ICP传道（现今是集中于MSN）转换焦点。我们需要指定积极进取的驱动者来解决这个问题，可能是JonL/RSegal。

来源：“如何在12个月内获得30%的份额，”微软内部备忘录，美国诉微软公司（民事诉讼编号98-1232），政府附件684，2013年5月21日检索，http://www.justice.gov/atr/case s/exhibits/684.pdf。

盖茨、格鲁夫和乔布斯在竞争情形下从不回避利用他们的名誉、资源与市场地位获得最多利益。一旦他们的企业成为巨头，他们不仅在与竞争对手的竞争中，在处理与消费者、合作伙伴与供应商的关系时也充分利用自己企业的力量。有时，这三家企业走过头，卷入非法的反竞争行为的指控。尽管这样，盖茨、格鲁夫和乔布斯通过巧妙地操纵公众认知，尽量减少可供竞争对手进攻的破绽，以及采用精明的谈判方法，使自己的公司多年来保持领先。

使竞争对手失去勇气

在《孙子兵法》中，孙子忠告读者："是故百战百胜，非善之善者也，不战而屈人之兵，善之善者也。"[41] 比尔·盖茨似乎将这句话铭记于心。他利用微软的市场势力，通过在发布前很久预先宣布新的产品或者升级，在行业内散布恐惧、不确定性和怀疑。这种手法是 IBM 在全盛时期所倡导的。这种想法被称作"雾件"（vapor ware），目的是让消费者期待市场领袖即将推出的产品，从而阻止他们购买竞争产品，以冻结市场。

利用雾件使竞争对手失去勇气的做法在软件行业特别奏效。这能够解释为什么盖茨很早就是这个战术的拥护者。比如，1982年，他使用雾件拦住了一个对 DOS 和 Windows 会产生威胁的产品。那一年在 Comdex——一个计算机行业的贸易展览，微软的竞争对手 VisiCorp 展示了 Visi On，是针对 IBM PC 的以图形为基础的视窗操作环境。盖茨一看到这个展示，就意识到 VisiCorp 不仅在图形用户界面捷足先登，而且 Visi On 也可以取代 DOS 作为应用开发的标准计算平台。盖茨立即告诉电脑生产商，微软正在开发自己的图形用户界面，在那个时候不过是一个想法，赶忙取了个名字“Interface Manager”。他敦促客户在看到微软的产品之前不要与VisiCorp签订任何协议。1983年1月，盖茨暗示，微软会在Visi On上市前发布自己的产品，这个预测结果最终推迟了两年。[42] 4月，微软发布了“有史以来最为迷惑人的展示”，这是一个模型，有一个屏幕，有几个重叠的窗口运行不同的程序。在微软内部，它被称为“烟雾与镜子”（smoke and mirrors）展示。[43]

尽管如此，这项战术奏效了。到了1984年晚些时候，《金融时报》报道了微软Windows已经“吸引了来自应用软件企业相当多的行业支持”，尽管它在宣布之后的一年都没有上市。[44] 在整个1984年与1985年的大部分时间，Windows一直都是距离上市只有几周时间，直到最终在1985年11月上市。在此期间，VisiCorp、苹果、IBM、Digital Research, 以及其他企业都已经将图形用户界面推向市场。但是盖茨的媒体宣传确实起到了效果，除了苹果，其他公司的产品在市场上都没有多少立足之地，为Windows主导个人电脑留下空间。

尽量减少可遭进攻的破绽

第二个依赖于卓越力量的战术是堵住你产品线中所有的缺口，以便尽可能减少可遭进攻的破绽。当你主导一个快速发展的行业时，竞争对手通常会寻找你的产品或者服务中他们能够填补的漏洞。如果巧妙利用的话，即使是小洞也能够在你的世界里撕开一个口子，使你的竞争对手能够建立一个滩头堡，从而扩展，并最终获取你的核心业务。通过填补所有可见的缺口，你能够大大地减少这个威胁。

英特尔在90年代早期采用了这个战术，阻止竞争对手模仿或者“克隆”，比如超微半导体公司、赛瑞克斯和Chips and Technologies，它们也生产x86芯片。那个时候，英特尔的克隆生产商开展宣传以期获得行业销售的大份额。杰里·罗杰斯是赛瑞克斯的总裁，他夸口说他的企业将“可能与英特尔分割市场”，暗示他想要50%的市场份额。[45] 为了应对这些威胁，格鲁夫将模仿者告上了法庭。然而诉讼只不过建造了减速带：通过诉讼，你试图保护自己的知识产权，提高竞争对手的成本，减慢他们的攻击。但是要在市场中获胜，仅有这几点是不够的。在这个情况下，意味着要全方位努力，填补英特尔产品线中所有的漏洞。1991年，英特尔宣布了30个新版本的386与486微处理器，目的是覆盖绝大多数消费者的需求。[46] 超微半导体公司之前通过引入塑料封装中高速部件等新产品，曾经成功地侵入英特尔的市场。格鲁夫下决心不再重复那个错误。

除了保证英特尔提供市场所需的多种产品以外，格鲁夫决心要为每种产品提供足够多的数量以满足客户的需求。这就意味着在生产能力方面进行大力投资来保证供应。正如格鲁夫在1993年告诉他的领导团队那样：“我们因为产能问题不能提供的芯片，我们的竞争对手。他们自己是进入不了的。我们要让他们进入才行。”[47] 当时英特尔战略的1号任务是“不要搞砸微处理器”。公司执行了这个策略。到了格鲁夫任期末尾，只剩超微半导体公司还有些竞争实力。

1 号任务：不要搞砸微处理器。

不要弄糟让他们进来（比如，没有足够的机动力量）。

因为产能问题（或者没有产品）而不能提供的每一个芯片都拱手让给了竞争对手。要进也是我们让进来的。

来源：基于 1993 年安迪·格鲁夫在英特尔的 SLRP 报告改编，获得同意后使用。

在抵御来自英特尔克隆制造商的竞争时，格鲁夫也同样要面对 RISC 处理器制造商的威胁，比如 IBM、太阳计算机系统公司、美国数字设备公司和 MIPS。正如我们之前讨论的那样，“拥抱并延伸” RISC 的特性是英特尔应对方式的重要组成部分。但是格鲁夫同样迎面袭击了 RISC 制造商。这些企业一开始聚焦于高端计算市场，这并不是英特尔的核心业务。但是格鲁夫明白，一旦 RISC 处理器在高端市场中拥有了立足之地，它便可以迁移至桌面个人电脑市场。英特尔为了通过提供工作站和服务器客户的可行的替代，尽力减少 RISC 的高端市场份额。如果这些消费者想要在高强度的 UNIX 操作系统上开展业务，格鲁夫想要他们在英特尔芯片制造的电脑上运行操作系统，目标就是让英特尔成为每种操作系统的“选择的端口”。

英特尔在软件上投入巨大的资源，使得软件企业改写他们的操作系统，在英特尔的中央处理器上运行更加容易与便宜。这项努力很快获得回报。到了 1993 年，几乎所有主要的操作系统都能够在英特尔的芯片上运行，来自高端的 RISC 处理器的威胁很快就消失了。但是，RISC芯片从来没有消失。格鲁夫退休10年之后，低功率的RISC芯片作为智能手机和平板电脑市场上的领导力量再次出现。

格鲁夫致力于最大程度上减小战略缺口的最后一个例子是他抵制“重力”计划——这是个人电脑与芯片价格的下行压力，我们已经在第一章中描述过了。格鲁夫认为重力是企业在1997年面临的最大威胁。他的第一步是推出了一个对抗重力的品牌“赛扬”（Celeron），目的是保持奔腾作为高级品牌，同时使用赛扬攻击低价竞争者，吸引对价格敏感的客户。同时，格鲁夫当时的技术助理詹睿妮回忆称：“安迪非常有良心，不允许逐底竞争。”因此，格鲁夫将市场从上到下进行了分割，为每个部分创造了明确差异化的模型。第三，可能也是最为重要的是，他争辩称英特尔必须通过努力让服务器芯片与个人电脑成为市场顶层的主要参与者。他在1997年告诉SLRP的团队：“今天的等式”是以200美元的价格销售1亿个中央处理器，产生200亿美元收入。他提出，“明天的等式”将会是以100美元的价格销售1亿个个人电脑中央处理器，以1000美元的价格销售1000万个服务器与数据中心用中央处理器。结果证明，格鲁夫大大低估了消费者对于个人电脑与服务器的长期需求（对于英特尔来说是幸运的），但是他在平均售价上的预言是对的。这项战略的成功对于保持英特尔在中央处理器上未来15年的领导地位是一个重要的贡献。

与格鲁夫不同，史蒂夫·乔布斯选择限制苹果多数的产品。他致力于在高端市场上提供“酷毙了”的产品，同时允许竞争对手攫取缺乏设计感的更加便宜的产品份额。这个理念的一个例外是 1999 年推出的 iMac 机。苹果在接下来的四年最终卖出了这个相对昂贵的电脑多达 32 个版本（不同颜色、配置和价格）。[48] 有了 iPod，乔布斯从格鲁夫那里学了一招，并且走得更远：他将媒体播放器发展成一个系列产品，为不同用户提供不同的功能以及范围更广的零售价。结果，iPod 是苹果唯一一个多年来占有市场主导份额的业务。

苹果推出 iPod 时，它不是第一个数字音乐播放器，但是其时尚的外观与 iTunes 的无缝整合使得它成为迄今为止重新定义的最佳品类。它的价格是 399 美元，比已有的数字音乐播放器高出很多。苹果指出，iPod 设计卓越，使用方便，独特地结合了小身材与大容量，正如品牌口号中所说："口袋里可放下 1000 首歌曲"，因此价格合理。有些行业评论家并不为此所动，宣称是"蠢货给我们的设备定价"。但是当苹果打破企业的传统，发布一系列模型，覆盖不同的价格与用户偏好，没给竞争对手留下立足之地时，评论家很快就沉默了。

最初 399 美元的 iPod 有 5GB 的存储空间。接下来的型号，同样的价格，存储空间更大。另外，苹果开始在 iPod 家族中加入新的成员。2004 年 1 月，苹果发布了 iPod Mini，存储空间更小（4GB），价格更低（249 美元）。一年之后，苹果推出了 iPod Shuffle。它精巧得让人难以置信，容量有限，没有显示屏，目标是超便携市场。当年晚些时候，苹果推出 Nano 来代替 Mini。到了 2005 年底，消费者购买 iPodShuffle 的起价是 99 美元，Nano

199 美元，最初的 iPod 299 美元。覆盖低端市场后，乔布斯在 2007 年产品线的最高端上引入了 iPod Touch——没有电话功能的 iPhone。这个战略显然奏效了：到 2007 年初，苹果已经卖出了 1 亿台 iPod（在 2009 年总数超过了 2 亿），在数字音乐播放器市场，iPod 的份额从 2005 年到 2013 年一直保持在 60% 以上。

采取强硬态度

盖茨、格鲁夫和乔布斯最后一个战术技能是对竞争对手、消费者、合作者和供应商都采取强硬态度的能力和意愿。正如乔治·斯托克和罗伯·拉契奥尔所说的："说到公司采取强硬态度，意思就是他们会使用可以获得的每一个合法的资源和战略来获得相对于竞争者的优势。"[49] 这个方法是三位首席执行官时不时就会使用的方法。

比如，比尔·盖茨一直对苹果采取强硬态度。苹果曾经是微软最早的客户之一，早在 1977 年就为苹果二代获得了 BASIC interpreter 的授权。1985 年，该授权过期。苹果二代仍然是苹果主要的收入来源，而 BASIC 是关键软件。盖茨感受到了苹果的弱势地位，要求苹果停止在公司内部为麦金塔电脑设计专门的 BASIC 版本，否则它将不再更新授权。苹果同意消灭这个叫作 Mac 机 BASIC 的产品，将代码给了微软。之后一名苹果的工程师告诉《华尔街日报》，盖茨"坚持让苹果撤销这个超凡的产品。好比他用枪指着我们的头"。[50]

那年晚些时候，盖茨又一次与苹果发生冲突。10 月，发布

Windows 1.01 仅几周之前，苹果的律师告诉盖茨，Windows 侵犯了苹果的知识产权。盖茨被激怒了，他给苹果的首席执行官约翰·斯卡利打电话，询问苹果是否想要诉讼。尽管斯卡利含糊其辞，他仍坚称苹果会保护自己的技术。盖茨回应他，威胁说如果苹果在这个问题上紧逼的话，将切断微软在麦金塔电脑应用上的工作。那个时候，微软的 Word 和 Excel 是麦金塔电脑上使用最为广泛的应用。根据斯卡利的说法，盖茨告诉他："如果我们在一条冲突的航线上的话，我们将会停止开发所有的 Mac 机产品。希望我们能够找到一个办法来解决这个问题。Mac 机对于我们两家都很重要。"[51] 这个威胁可能只是虚张声势——当时麦金塔电脑的应用对于微软来说着实是一个关键业务，盖茨也想要主导市场——但是这个虚张声势已经足够说服斯卡利了。

1985 年 11 月，盖茨和斯卡利达成了一项协议，让微软在其产品之中使用像 Mac 机一样的视觉元素，这给了微软广泛的回旋余地。（多么广泛与多长时间成为有相当大争议的事项，最终导致两家企业对簿公堂。）作为回报，盖茨同意继续为 Mac 机开发微软应用，并且推迟一年发布个人电脑版，这样能够给麦金塔电脑时间以立足市场。苹果给了微软全权委托借用其"外观和感觉"，并没有得到什么回报。继续向 Mac 机销售 Word 和 Excel 符合微软的最大利益，而且距离发布个人电脑版本的 Excel 还有两年的时间。[52] 通过采取强硬态度，盖茨赢得了苹果有价值的让步，苹果换取了微软无论如何都准备要做的事情。

1997 年夏，盖茨故伎重施。在与网景的浏览器大战焦灼之时，盖茨给苹果以压力，要求其采用 Internet Explorer 作为 Mac 机的默认浏览器。随着微软与苹果时任首席执行官吉尔·阿梅里奥的谈判停滞，盖茨告诉他的团队，他已经在 6 月打电话询问阿梅里奥“我们该如何宣布取消 Mac 机上的 Office”。[53] 没有 Office 的话，苹果的未来就岌岌可危，即使苹果的骨灰级粉丝也在麦金塔电脑上使用微软的应用。拿走了能够与世界上 98% 的电脑沟通的文字处理器和电子数据表，苹果的未来渺茫。毫无疑问，乔布斯在 8 月与微软寻求关系缓和的谈判中是牢记这个威胁的。

盖茨在与其他首席执行官打交道时，同样顽固精明，比如与美国在线的首席执行官史蒂夫·凯斯的谈判。1993 年，微软那时正在考虑进入网络服务业务，据报道盖茨当时对史蒂夫说：“我可以买下你 20% 的业务，或者全部业务，又或者我可以进入这个市场并埋葬你。”[54] 三年之后，盖茨毫不犹豫地使用微软相当多的资源来“追求”美国在线。为了让美国在线采用 Internet Explorer，抛弃网景，据称盖茨问凯斯：“我们需要付给你多少钱才能让你放弃网景（‘今天是你的幸运日’）。”[55]

这一特点并非盖茨独有。史蒂夫·乔布斯在占上风时也同样强硬。用一个长期观察者的话来说，在乔布斯领导下的苹果“对合作伙伴与竞争对手冷酷无情”。[56] 从他 1997 年回归苹果的那一刻起，乔布斯就开始玩“硬的”。乔恩·鲁宾斯坦称，在谈判时，“史蒂夫从来不在桌子上留下哪怕一枚五分硬币的空间，不要跟他谈双赢。”[57]

苹果与图书出版商在 2010 年准备发布苹果 iBookstore 时的谈

判展示了乔布斯强硬的才能。那个时候，亚马逊占有电子图书市场的 90%。对于新书或者畅销书，亚马逊通常支付给出版商 12.5 美元或者 13 美元的零售价格（大概跟精装书的批发价格相同），转而以 9.99 美元销售。为了确保在电子图书市场中的主导地位，并且推动 Kindle 阅读器的销售，亚马逊承担了巨大的损失。出版商痛恨亚马逊 9.99 美元的价格策略，用出版巨头阿歇特出版集团的首席执行官阿诺德·诺里的话来说，害怕它会"破坏消费者感知的价值"。但是，如果他们想要销售电子书的话，他们必须接受亚马逊的条款。

苹果的 iBookstore 销售 iPad 的电子书，这第一次给了出版商一个可行的其他选项。但是他们很快就发现乔布斯与亚马逊的杰夫·贝佐斯一样强硬。乔布斯愿意让出版商给电子书的定价高于亚马逊，但是他要求削减 30% 的销售价格，并且要求有权利匹配任何其他分销商的最低价格。换言之，苹果每本电子书给出版商的报价比亚马逊还要低。内部电子邮件显示，出版商痛恨苹果提出的条款。哈珀·柯林斯电子图书的负责人查理·雷德梅因写道："他们提出的条款会对我们的业务造成长期的损害。"他接着说，"很重要的一点是我们往回走，获得一个能够给我们持续性业务的交易。这是我们该谈判的时刻了——在这点上屈服没有好处。"[58]

詹姆斯·默多克是哈珀·柯林斯母公司新闻集团的一位高管，他给乔布斯写信重申哈珀·柯林斯不能按照苹果的条款继续走下去。但是乔布斯根本不听。他回应默多克请求的方法是宣称苹果的市场影响力，以及哈珀·柯林斯需要苹果。乔布斯告诉默多克，苹果在发布 iPad 的前几周能够卖掉的数量就比亚马逊之前卖掉所有 Kindle 的数量还要多。在他最后一封电子邮件中，乔布斯基本上是用枪指着默多克的头：

据我看来，哈珀·柯林斯有以下选择：

1. 与苹果合作，看看我们是否能成功地创造一个真正的 12.99 美元与 14.99 美元的主流电子书市场。
2. 继续与亚马逊以 9.99 美元的价格合作。短期你会多赚一点儿钱，但是在中期，亚马逊会告诉你他们将会付给你 9.99 美元的 70%。他们也有股东。
3. 组织亚马逊卖你们的书。消费者没有办法买到你们的电子书，他们就会去偷。这将是盗版的开始，而且一旦开始就停不住了。相信我，我亲眼见过这样的事情发生。

可能我漏掉了什么，但是我没有看到其他的选项。你呢？[59]

哈珀·柯林斯几天之后同意了苹果的条件。在协议签署之后，哈珀·柯林斯出版集团的首席执行官布莱恩·默里告诉默多克："出版商和作者的经济性比起精装书的经济性和现在 Kindle 的经济性来说很糟糕。所有的价值都归苹果和消费者。但是苹果书店的战略价值非常高。"[60] 在一份为哈珀·柯林斯的其他高管概述这项交易的备忘录中，默里承认："我们一直到最后都努力争取最高价格和佣金，但还是输掉了。"[61]

对于那些与安迪·格鲁夫对抗的谈判者，输掉谈判也是常有的经验。尽管比起盖茨和乔布斯，格鲁夫对于反托拉斯的法规表示了更多的尊重，他仍然发现了许多能够仗势欺人的机会。比如，英特尔推出新的芯片时，生产能力通常是有限的。这样格鲁夫就能够以自己认为合适的方式定量供应。英特尔的客户——像康柏、戴尔和惠普这样的公司——排着队想要得到的芯片。如果它们惹恼了格鲁夫，他有时就会将它们放在它自己的“犯规禁闭区中”。一旦到了那里，客户可能会经历稀缺部件供应的推迟，直到他们再次遵守规定。

格鲁夫惩罚性的一面也在1997年英特尔与美国数字设备公司的争端中展示出来。美国数字设备公司是客户，销售以英特尔为基础的个人电脑，但是这家企业也同时试图推广自己的Alpha微处理器。美国数字设备公司提起诉讼，认为英特尔奔腾芯片侵犯了美国数字设备公司的专利。在寻求禁令与几十亿美元的赔偿金后，格鲁夫联系美国数字设备公司的首席执行官罗伯特·帕尔默，但他拒绝接格鲁夫的电话。即使是美国数字设备公司的法律总顾问也不回应。于是格鲁夫给大卫·尤费打电话，因为大卫工作的地点距离美国数字设备公司在马萨诸塞州的总部20英里，所以他很有可能认识美国数字设备公司董事会上的人。结果是，大卫的确认识一位美国数字设备公司的董事——凯特·费尔德斯坦，她是一位经济学家，嫁给了哈佛教授马丁·费尔德斯坦。两家公司的两位董事有些不情愿地见面，吃了晚饭。在见面之前，尤费问格鲁夫，英特尔愿意如何回应这个诉讼。格鲁夫回答说，英特尔将会要求其交回英特尔前沿的微处理器技术设计与建造电脑的关键保密技术信息。

美国数字设备公司的董事会成员对于格鲁夫将要采取的这个措施感到震惊，在接下来的几周里，美国数字设备公司拒绝妥协。英特尔反诉，并且暗示一旦现有的采购协议在两个月后终止，将切断为美国数字设备公司供给奔腾芯片。但是，在幕后，董事的晚餐有助于开启对话，很快英特尔的首席运营官克瑞格·贝瑞特来负责处理这件事。几个月内，两家公司庭外和解，美国数字设备公司放弃诉讼，英特尔买下美国数字设备公司在马萨诸塞州的半导体生产厂以及几条半导体生产线。[62] 格鲁夫的强硬路线获得了成功。

但是格鲁夫的高压手法引来了政府的审查。1998 年 6 月，美国联邦贸易委员会对于英特尔违反反托拉斯法提起诉讼，宣称该企业通过威胁称不向消费者提供关键信息而滥用其地位。案件在 1999 年结案，美国联邦贸易委员会禁止英特尔对任何客户“阻碍、更改、推迟、撤销、扣留或者拒绝提供”其知识产权。但是，美国联邦贸易委员会只能在如果“客户书面同意不寻求禁令”以及“不寻求或者已经寻求补偿、赔偿或者任何法律的或者等同的补救”[63] 的情况下执行这样一个禁令。事实上，美国联邦贸易委员会禁止英特尔使用格鲁夫的方法，除非客户跟美国数字设备公司做相同的事情。换言之，美国联邦贸易委员会说他们不喜欢，但是，在遭受攻击的时候，格鲁夫有权采用强硬的措施来解决问题。

尊重规则

这个案例提醒我们采取强硬态度的严重后果：不要假定怎

样都行。法律法规，特别是涉及反托拉斯的政策，定义了法律的边界。一旦一家企业取得支配地位，高管必须假定它将一直处在显微镜之下。在这个领域，这三位首席执行官中的两位都不符合标准。

安迪·格鲁夫对待反托拉斯监管者的态度，与他对竞争的态度一样偏执。[64] 但是盖茨和乔布斯不是这样。在担任首席执行官的大部分时间里，盖茨对于反托拉斯机构没有表现出什么畏惧。尽管 1994 年微软与美国司法部签署了一份同意判决书，公司高管并不相信这对于他们行动的自由会产生很多限制，用微软副总法律顾问的话来说，“这份协议的目的是有限的”。[65] 当我们在 1998 年，也就是史蒂夫·鲍尔默成为微软总裁的那一年对他进行采访时，曾敦促他考虑反托拉斯培训，但是他对此推诿，称这将削弱销售力量。[66] 包括盖茨在内的高管们并不对反托拉斯政策买账，但是司法部在 1998 年再次调查微软时，企业差点儿破产。

乔布斯的态度可能比盖茨还要糟糕。说到欺负竞争者、消费者，甚至是员工，他可能专横到不负责任。赢就是一切，反托拉斯法见鬼去吧。最初，乔布斯的虚张声势似乎取得了成功，但是最终事与愿违。2010 年，司法部指控苹果与其他 5 家高科技企业合谋阻止员工跳槽。接下来一年中，一个针对这些企业的集体诉讼出现了。结果，乔布斯威胁 Palm 的高管称，如果他们不停止雇用苹果的员工，就对他们进行专利诉讼。另外，根据谷歌的谢尔盖·布林的一封电子邮件，乔布斯给他打电话并且尖叫：“如果你敢雇用那些人中的任何一个，那就意味着战争。”[67] 司法部的诉讼在2012年得到解决。苹果同样输掉了更为重要的一个案子——司法部提起诉讼，指控苹果与五家主要的出版商串通——阿歇特、哈珀·柯林斯、麦克米伦、企鹅图书和西蒙·舒斯特——以提高电子图书价格。乔布斯于2011年10月去世，法院宣判时他已然不在，但是这些必然不是他想要留下的遗产。

从大师那里学到的经验

战略大师理解日常的战术决策与重大的竞争性行动同样重要。战略创造比赛场地，战术定义你如何玩游戏，以及最终你是否会赢或者活下来再玩一天。如果比尔·盖茨在1995年没有想出如何拥抱并延伸互联网，微软就会输掉浏览器战争，就会看到随着互联网使用呈指数级的增长，其核心业务日渐衰退。如果安迪·格鲁夫在90年代早期没有大力投资于设计和制造，以填补微处理器生产线的漏洞，英特尔绝不会保持全球80%的市场份额，而这对于企业短期与长期的收入与利润都是关键的。如果史蒂夫·乔布斯在2003年接触音乐高管时没有意识到表面上低调无害的重要性，没有想要通过iTunes，然后是网络商店或是iPod来销售音乐，苹果的财富可能永远都不会腾飞。与此相同，如果乔布斯没有与比尔·盖茨在1997年讲和，苹果可能那时就死掉了。

知道什么时候保持低调，什么时候与对手合作，什么时候接受并延伸竞争者的优势，以及什么时候仗势欺人，可能会影响成败。有几个首席执行官拥有其中一些技能，但并非全部。其他人在不同的时刻依赖全套技能中的子集——在企业相对较小的时候使用柔道战术，在规模增大、市场地位上升的时候使用相扑战术。根据他们手头面临的挑战不同，盖茨、格鲁夫和乔布斯在整个任期中调动全部4个方法的意愿与能力是非同寻常的。

结合柔道与相扑战术并不容易，因为它们反映的是不同的心态。战术性柔道需要思维灵活，有妥协的能力，能够放下企业的骄傲，并且跟随竞争者带领的必要的自律。从另外一个方面来说，战术性相扑最需要的是强硬。相扑运动员对于成功的衡量是他们引起了多少恐惧，这一说法并没有太夸张。见证了很多事情后，安迪·格鲁夫在1990年的SLRP报告中提出："类似人人都害怕我们这样的影响力必须有很多。"[68]

创造、管理以及施加影响对于盖茨、格鲁夫和乔布斯来说是中心任务。他们的战术选择对于成功起到了根本性的作用。但是他们领导组织的能力，执行这些选择的能力也是至关重要的。在接下来的一章中，我们将审视这三位首席执行官如何使用他们的个人知识基础和能力来塑造这些因执行能力而闻名的企业。

第五章

在个人抓手的基础上塑造组织

有战略却没有执行，就跟有执行却没有战略一样没有价值。两者兼顾是一个有挑战的任务，但是比尔·盖茨、安迪·格鲁夫和史蒂夫·乔布斯的完成水准堪称令人惊艳。作为领导者，三人都有弱点，也都极大受益于高管团队与其他员工的支持和帮助。尽管如此，我们不能否认他们在微软、英特尔和苹果有着优秀的过往成绩。我们不禁要问：这三位首席执行官都做了些什么来推动绩效和组织有效性的发展？尽管他们的缺点众人皆知，但为什么还是能够比对手与继任者交付更加强大的成果？

答案听起来可能让人惊讶：这三位都不是顶尖商学院试图培养的那种全面发展的总经理。盖茨、格鲁夫和乔布斯都没有受过正规的商业培训。这三位展现出的行为在领导力专家看来是“不完美”的，有时甚至适得其反。[1] 尽管他们愿意被证明是错的，但是每个首席执行官通常会将自己视为房间里最为聪明的人。他们对待下属可能是严厉的，甚至是不公平的，他们鼓励独立思考以及激烈辩论，建立有时可能是冲突的文化。

但是，他们同样也有独特的优势，这深刻地影响了他们所领导的企业。盖茨领导微软理解软件技术与软件业务。格鲁夫带给英特尔一种强烈的责任感，在管理与运营中灌输铁的纪律。乔布斯带给苹果一种独特的产品设计感，有着如何让非技术人员使用复杂技术的直觉。这些优势提供给每位首席执行官一个“个人抓手”，他的贡献根植于企业，并且塑造着企业发展的方向。这些抓手驱动了他们作为首席执行官每日的聚焦，指导战略思考，帮助他们做出各项决策，包括聘用谁、如何下放权力等。他们所体现的价值与理念上升为组织的日常工作与能力，即使到现在还保留在微软、英特尔和苹果。

首席执行官的优点成为如此强烈的标识，或者更普遍来说，具备远见的创始人或者转型领导的特点——可能也有缺点。特别是，过分依赖于某一个人可能会限制组织行动或者适应改变的能力。就像船的锚一样，首席执行官个人的抓手一方面阻止漂移，另一方面也限制企业向着新方向移动，不论是新的市场和技术，还是新的战略和商业模式。微软、英特尔和苹果都在不同程度上面临这样的困境。但是，多数情况下，盖茨、格鲁夫和乔布斯在掌权之时能够相对较好地辨识出自己的缺点，找到合作伙伴和同事来弥补不足。

许多首席执行官试图自己做很多工作。盖茨、格鲁夫和乔布斯在事业初期就认识到这方面的弱点。但是，随着时间的推移，他们学会了专注于几个关键领域和经营杠杆，建立强大的团队来负责企业运营中的大部分工作。他们格外重视关键产品与运营的重要细节，将他们不太熟悉的其他方面部分放权。在他们自己可以增加最多价值的部分，他们与员工并肩作战，但是他们总是聚焦于大局——高层的战略目标或者产品野心。为了保证企业中最佳的头脑受训于最重大的问题，他们深入挖掘自己的组织去寻找知识最丰富的个体，不问其地位与资历。换句话说，他们不仅“跟着钱走”，还跟着知识走。他们同样确保将人与想法结合在一起，如比尔·盖茨所解释的：

……打造强大的企业并创造价值的规则没有改变。首先，在每一个业务之中，都有关键的人的因素。有没有完美的产品、生产计划和市场营销没有关系，你仍然需要正确的人来领导并执行这些计划。这是你很快在商业上会学到的一课……[2]

盖茨、格鲁夫和乔布斯依赖他们个人抓手的方式，与他们解决战略执行与组织建设中挑战的方式类似。他们三人都不是完美的，但是最终领导都是有效的，三人都以不同的程度和不同的方式展示出遵守四项原则的价值。

战略法则 5：在个人抓手的基础上塑造组织。

1. 了解你自己——毫无保留。
2. 格外注重细节——有选择的。
3. 永远不要丢掉大局观念。
4. 给“有知识”的人以权力。

被苹果解雇是我经历过的最好的事情。成功的沉重被再次成为新人的轻松取代，一切都不那么确定。它解放了我，使我进入我生命中最具创造力的时期。[3]

——史蒂夫·乔布斯，斯坦福大学毕业典礼讲话（2005）

了解你自己——毫无保留

为了将想法和价值化为行动，首席执行官和企业家们需要热情、自信与专注。他们同样需要可以利用的知识与能力打造坚实的基础，以此来塑造企业和组织，并打造管理团队。这些条件放在一起定义了任何领导带给一个组织的与众不同的价值。

判断个人抓手的第一步是“了解你自己”，正如古希腊人所忠告的那样。在这个过程中，你需要诚恳地评估自己的优点和缺点。[4]盖茨、格鲁夫和乔布斯在刚刚成为首席执行官时，没有这样高层级的自我意识。慢慢地，他们逐渐学到了这一点，其间犯过错、经历过痛苦。但是，一旦他们理解了自己能够做什么，在哪些方面需要依赖他人，他们作为企业领导就越来越高效了。

对于技术的热情

对于比尔·盖茨来说，他的个人抓手是掌握为早期的个人电脑编程这种稀有的知识，结合他对于电脑软件——不是硬件——能够改变世界的热烈的信念。他也同样相信，技术能够提供一个开创性的潜在利润丰厚的商业模式：销售软件产品。[5] 60 年代后期，盖茨在还是中学生的时候接触到电脑，当时业界多数企业的赚钱方式要么是销售硬件系统，要么是销售软件服务——从零开始写程序，一个一个地解决客户的问题。但是盖茨很快就意识到他可以一次性写一个软件，作为产品多次出售，只用很低的成本，或者没有额外附加的成本。有几家企业已经用这个方法来为大型电脑制作软件，但是还没有人尝试将其投放在大众市场上。[6]

1975 年，微软诞生，它是第一家销售个人电脑软件产品的企业。盖茨有充分的理由相信，有一天会出现个人电脑的大众市场，以此驱动消费者的软件需求。短期内，因为市场的小众特点与盖茨的个人兴趣，微软的重点在于创造工具（主要是编程语言）以帮助其他开发者编写他们自己的软件。正如 1993 年盖茨告诉迈克尔·库苏马罗和理查德·塞尔比的那样，他相信这个重点在进入市场之时给了微软关键性的优势："为什么我们能够给麦金塔电脑编写软件而其他人不能？我们编写自己的工具……为什么这个公司能存在？我们编写自己的工具。没有其他工具能与我们的工具相媲美。这是一个巨大的竞争优势。"[7] 这个技术的焦点——盖茨个人抓手中关键的部分——将会成为微软的组织优势与局限。以技术为导向，而非以消费者为导向的思路帮助我们解释了为什么微软在远离原始技术重点的发展时通常是缓慢而笨拙的。

盖茨可能没有完全预料到自己的技术嗜好会为微软的未来创造出什么，但是他很快发现自己的局限性限制了微软的增长潜力。

出于这个原因，1980年，他请大学同学、曾经在宝洁工作的史蒂夫·鲍尔默从斯坦福商学院退学，帮助弥补微软在营销与销售上的不足。接下来的几年，随着业务的扩展，盖茨雇用了一些有经验的高管，比如Radio Shack的乔恩·雪莉与IBM的迈克·梅普尔斯，来处理日常运营业务。除此以外，当微软在80年代初开始进入消费市场，为麦金塔电脑以及DOS个人电脑提供应用软件时，他雇用了来自苹果、施乐帕罗奥托研究中心以及其他企业中有才能的软件工程师与产品经理。他们作为第一流的高管团队，弥补了盖茨日常管理上的缺陷，并帮助他将微软打造成为一个基础深厚的企业与消费者软件产品公司。

对于纪律的热情

安迪·格鲁夫的个人抓手不是像软件编码这样特定的技能。更确切地说，他最大的资产是受过良好教育的科学家，不论在家、在大学或者是财富500强企业中，都一样严谨。据格鲁夫的老朋友和最受信赖的经理魏德生所说："严谨……在他做的任何事情之中，不论他在思考战略还是其他，都要将其思考透彻，或者看操作上是否可行。"这是格鲁夫在英特尔领导方式的核心。[8]

我们之前已经说过格鲁夫作为化学工程师开始了职业生涯。他毕业于纽约城市大学，之后在伯克利完成博士学位。作为学生，格鲁夫受到的训练是追求"真理"，或者至少是接近最可能的答案——不论他处理的是什么样的问题。他向我们承认，他从来没有盖茨和乔布斯所展现出来的"企业家劲头"，因此他没有自己成立一家企业。[9]但是，他不畏风险，正如他在20岁时敢于独自从匈牙利闯荡到美国，在1968年与罗伯特·诺伊斯和戈登·摩尔离开飞兆半导体公司，创立英特尔。

在英特尔，格鲁夫很快发现自己的任务是弄清楚如何在一个极为重要的新兴半导体产业中管理一家复杂的生产企业。还没有人真正掌握半导体存储产品的大规模生产。事实上，格鲁夫加入英特尔是因为相信飞兆半导体公司没有完全发挥潜力，原因在于它不是足够“严谨的组织”。[10]保证这种情况不在英特尔出现是格鲁夫为自己确立的任务。

格鲁夫着手为通常在技术前沿凌乱的设计与制造活动建立系统的流程。在这个过程中，如魏德生所指出的那样，格鲁夫非常注意在英特尔打造一个进行有纪律的思考与行动的强大文化，其原因恰恰是他知道复杂的组织难以控制。魏德生回忆，格鲁夫经常说：“你不可能把所有的系统与程序一一写下来。你不得不依靠他人。”魏德生补充道：“这是他最大的遗产之一，可能也是最有价值的一个。到头来，大组织的成败取决于它们的文化。没有人能够记录一切。”[11]

尽管格鲁夫认识到需要依赖于其他人来管理像英特尔这样的企业，但是他还是非常努力地弥补个人知识中的不足，依赖于内部专家就半导体技术的发展对自己进行教育。他认真学习关于驱动企业绩效关键领域（比如RISC技术与互联网）的知识。他同样通过写下文字以厘清自己的想法。1967年，为了巩固半导体技术方面的知识，格鲁夫出版了一本教科书《半导体物理与技术》，现在被认为是该领域的经典。随着管理职责的增加，格鲁夫在商业方面进行广泛阅读，1983 年出版了《格鲁夫给经理人的第一课》。这本书以独特的视角展现了格鲁夫作为英特尔总裁是如何努力克服挑战的。

《格鲁夫给经理人的第一课》的论点是只有经理人引导出员工的“巅峰绩效”，组织才能够展现出最优水平。[12] 相应地，格鲁夫越来越多地关注人员评价与激励，以及赋予他们贡献观点与反馈的权利。格鲁夫同样仔细思考如何使用自己的时间并且提高管理“影响力”。他强调了重点清晰的重要性：“我们必须意识到，并且根据这个意识来行动，如果我们认为一切都是重点，那实际就没有什么重点。几个精选的目标传递了关于我们对什么说‘是’、对什么说‘不’的信息。”[13] 这种严谨的形式成了他管理风格的核心。

对于设计的热情

史蒂夫·乔布斯的个人抓手是完美的品位，判断出产品设计结合何种简约而优雅的技术能够为普通人做什么。结合联合创始人史蒂夫·沃兹尼亚克与苹果其他工程师、管理者的帮助，他将这种审美修养诠释为全新的产品设计与用户界面，首先是个人电脑，然后是其他的产品和服务，像 iPod、iPhone、iPad、iTunes、应用商店和 iCloud。在许多方面，乔布斯本来可以是一个艺术家，却成了技术企业家。[14]

乔布斯的背景强烈地塑造了他处理技术和业务的方式。他在高中和大学时期受过的技术培训很少，因此他想要打造足够简单、适合多数人使用的产品。然而，乔布斯是在硅谷长大的，周围都是工艺大师和工程大师。特别是他的父亲，热爱摆弄汽车和做木工手艺，许多邻居在像惠普这样令人尊敬的工程公司工作。[15]乔布斯在早年就开始思考技术能为人做什么，如果能够更加容易使用该有多好。这种对于使用性的强调使得他将苹果打造为一个独特的企业，为整个行业设定简洁、实用与设计优雅的新标准。乔布斯甚至对主要竞争对手比尔·盖茨也产生了巨大的影响，微软的研发日程多年以来大都是抄袭麦金塔电脑操作系统的"外观和感觉"。

说到苹果产品的设计，乔布斯试图控制每一个细节。在苹果早期，他甚至坚持要对电脑里印刷电路板的外观拥有发言权。但是，乔布斯对管理企业等许多方面的知识都没有什么兴趣，比如运营与财务。他一开始很自大，最终认识到他需要这些领域的专家。他 1997 年加入苹果后，尤其如此。在乔布斯的直觉将他带入歧途时，一个出众的管理团队救了他。比如，首席财务官弗雷德·安德森如果没有阻止他购买环球音乐集团的话，或者他的团队没有在 2003 年恫吓他要让 iPod 与 Windows 兼容的话，iPod 可能会在市场中丧失活力。但是，乔布斯从来不会让他的"领域专家"完全拥有自由。乔布斯在 1985 年已经被苹果解雇过一次，因此他一直保持警惕。他经常让一个经理与另外一个对杀，并且将信息分隔成功能性的"筒仓"，这样他就能保持控制。苹果之前的零售负责人罗恩·约翰逊认为，乔布斯回到苹果之后，就再也没有让自己轻易被赶下台："史蒂夫经常获得信息输入，但是他不想失去控制。"[16]

执行就是上帝！[17]

——安迪·格鲁夫（1996）

格外注重细节——有选择的

领导的个人抓手不仅为组织的策略，也为组织的发展提供重点与方向。比如，它帮助确定首席执行官应该在哪里集中注意力，以及他们如何领导。没有清晰方向的领导可能很容易沉迷于琐碎的事情，结果对于客户与业务毫无裨益。盖茨、格鲁夫和乔布斯通常会避免这个陷阱。他们学会信任自己的本能，以在混乱的信息中穿过，辨认出什么是对业务真正有意义的。他们对细节均格外关注——但是是有选择的——另外，在这个过程中，他们在组织中也灌输同样的纪律。

辨认出几个撬动点

盖茨、格鲁夫和乔布斯用于整理冲突性数据与厘清越发复杂的运营的技巧是辨识它们，然后管理几个关键的撬动点。格鲁夫重视营销和销售，还有企业文化——考虑到他做工程师的背景，这多少有点儿让人惊讶，他强调严谨的思考。正如他在本书的采访中告诉我们的那样："要转那么多该死的旋钮，所以我转了那些对我有意义的……营销肯定是其中之一，销售是另外一个。设计不是，文化是。"[18] 最终，格鲁夫谈到"精致的营销和精致的生产定义了英特尔”[19]——他说这话的意思是，在他的领导下，英特尔试图保持营销与生产并重。

盖茨通过辨识另外一套撬动点来塑造微软的组织与文化。由于软件的专业知识是他的抓手，在早期，他追求掌握微软产品中每个特性的境界。他回忆道，最初，“我不让任何人写代码。我看了别人写的每一条BASIC语句，然后自己重新写，这么做仅仅是因为我不喜欢他们编码的方式”。[20] 到了90年代，盖茨对于编程细节的掌握继续让公司的工程师感到震惊。Windows 95的测试经理描述盖茨是“一个疯子”，并称：“比尔对于产品的掌握程度比我们任何人都多。跟他开个会，出来的时候只会流汗，因为，如果有任何瑕疵的话，他会立刻抨击并且挑剔到骨头里。”[21] 80年代直至90年中期，这种对于技术细节毫不松懈的重视让微软的开发者和高管时刻“保持警觉”。

盖茨采用这个方法的原因可能是，在其担任首席执行官的大部分时间里，他有能力从最基础的层级理解微软的产品——编码和算法。[22] 尽管到了90年代中期，技术的发展已经超过了盖茨个人的编程经验，但他仍然知道要问什么问题，并且很容易学习新的东西。但是测试代码是软件企业的首席执行官要做的事情吗？当企业刚刚成立，而且首席执行官对于技术与客户有最佳理解的时候是这样的。也许不是，随着企业的产品组合扩展、技术进步，就不是这样的了。盖茨很快地意识到这一点，到了90年代初，他决定将注意力集中在微软最重要的产品上。然后他使用项目评审和报告来跟踪公司的其他情况。

盖茨在 1993 年告诉库苏马罗和塞尔比："对于构成我们收入 80% 的产品，我选择进行非常非常深刻的理解。"[23] 他继续直接与这些产品团队合作，尽可能地帮助他们定义新的版本和特性，特别是当他们面对新的挑战时，比如网络设计与互联网。另外，盖茨在新产品开发的投资决策上也保持紧密控制："我没有对开发产品的总体构想放权……软件企业的首席执行官要将其掌握在自己手里，这是好的决策。"[24]

对于不那么重要的产品，盖茨不是直接监督，而是依赖于每年 4 月与 10 月的主要项目评审与规划会议。微软通过每两周和每月定期发送电子邮件，对会议进行补充。盖茨解释说："我收到了所有状态报告……我每一份都读了……当即的想法是，他们这次把上面的时间改了吗？……简单的做法是，抛出一封邮件说：'帮帮忙，我之前要求的是要执行，但是我在状态报告中看不到。'"[25]

这样的监督系统有几年进展得不错，但是其成功需要盖茨完全的关注、专业知识以及行动意愿。在 90 年代末期，他越来越多地参与到微软反托拉斯的法律诉讼之中，然后从首席执行官任上退休，企业的执行开始岌岌可危。Windows 群组增长得越来越大，缺乏组织，导致 Windows Vista 推迟了 5 年发布，并惨败，这项工作有多达 7000 名工程师参与，最终于 2007 年推出。[26] 另外，在苹果的 iPhone 与 iPad 所开启的移动设备与网络服务的市场机遇上，微软进行了错误的判断。公司最终响应，于 2012 年发布了 Windows 8 和 Surface 平板电脑，但其产品没有获得多少市场追捧。

在这些困难的年头里，盖茨一直留在微软，2006 年之前一直是首席软件架构师，2014 年前一直是董事局主席。但是，当 2000 年史蒂夫·鲍尔默代替他成为首席执行官之后，他影响关键项目与设定新的战略方向的角色基本上结束了。盖茨在未来很可能会有更大的影响力。2014 年，微软新任首席执行官萨提亚·纳德拉邀请盖茨回归并在企业中扮演更加积极的角色——产品战略的导师与顾问。[27]

灌输纪律，注意细节

史蒂夫·乔布斯对于设计的关注与盖茨对于软件的关注同样强烈。乔布斯非常欣赏建筑师路德维希·密斯·凡德罗。和他一样，乔布斯相信“上帝存在于细节之中”——在苹果产品的设计上尤为如此。[28] 乔布斯对于能够影响用户体验的所有东西有着深刻的关切，从产品的外观，到包装与广告等各个方面。没有任何一个细节是无关紧要的，因为他相信消费者会注意到，正如他注意到了一样。乔布斯认为他的特殊职责就是确保苹果的一切反映他的品位。这就给了苹果所有的产品、网上服务、包装与营销一致的“外观与感觉”。乔布斯认为这样的一致性是通往消费者的最佳路径。

乔布斯对于细节不同寻常且有选择的关注产生了影响，首先在 1977 年上市的苹果二代上展现出来，接下来是 1984 年的麦金塔电脑。消费者对于两个产品的积极态度强化了他之后几年亲力亲为的设计。比如，在 1997 年回归苹果后，乔布斯立刻参与了新操作系统 OS X 的用户界面设计，与设计团队每周开会商讨。该项目的领导者科德尔·拉茨拉夫记得乔布斯“会详细检查一切，乃至像素级”。乔布斯甚至想要视窗的滚动条有特定的外观，强迫团队在6个月中设计出多个版本。[29]

在这个过程中，一直到进入21世纪，乔布斯与设计主管乔纳森（乔尼）·伊夫及其团队紧密合作。乔布斯每天都与伊夫交谈，他们经常一起吃午餐。乔布斯也经常视察设计工作室，以检查正在开发的原型与模型。在这些互动中，他为一个高度迭代的设计流程提出了修改意见。这些非正式的谈话与企业的正式产品报告和审评同样影响了苹果产品开发的方式。另外，乔布斯频繁地视察工作室并与相关人员协商，以确保新产品的设计不会偏离他的想法太远。[30]

近乎狂热地关注细节不仅带来了更好的产品，也影响了苹果的文化与组织能力。如果乔布斯注意到看似琐碎的设计决策，那么在苹果的每个人也都必须注意到它，并且理解为什么。正如苹果前产品经理所评论的那样：“乔布斯从头至尾一直参与，确保一切都能符合他的愿景，他会核对哪怕是最小的事情。这就是你获得严谨的方式。”[31]结果，据苹果的精英工业设计团队的成员所说，苹果“沉迷于每个细节”是一种常见的情况。[32]

除了设计以外，营销是乔布斯另外一个巨大的热情所在，在这一点上他再次展现出对于细节超乎寻常的重视。对于iPod的活动，乔布斯直接与苹果的广告管理人员沟通，处理从广告牌上所用的形象到电视广告中播放的歌曲等方方面面。2010年，他为iPad做了同样的事情，否定了多个建议，直到苹果的广告公司让他详细地阐述个人的想法，指导广告宣传活动的色调、风格和声音。[33] 乔布斯同样监督苹果零售店的布置，从高端的设计一直到低端的建筑材料。

测试逻辑，然后跟踪、跟踪、跟踪

盖茨和乔布斯对于软件和产品设计充满热情，而格鲁夫对于严谨的思考充满热情。他深入钻研营销与销售、产能规划和技术路线图等领域，研究英特尔的产品如何能超过竞争对手。为了驾驭现有的运营，尽可能做出最好的决策，格鲁夫想要尽可能多地获得数据。他同样笃信，自己掌握最重要的细节——并且需要所有参与者的后续追踪，不论他们的级别——是确保严谨与有效执行的最佳方法。

每周二、周三和周四，英特尔会举行商务评议会、小组评议会与战略评议会。在这些会议上，格鲁夫提出困难的、尖锐的问题。他获得的答案通常不如这个思考过程所揭示出的东西更为重要。如果格鲁夫觉察到了草率的思考，那么便“大祸临头”。如果格鲁夫相信他的经理们都掌握他们的主题，会给他们一个“通过”。格鲁夫的门徒之一帕特·基尔辛格，对格鲁夫工作的方法做了非常恰当的描述：“格鲁夫会挑战人们的想法；会探寻，会刺戳，他会挑刺……他会探究一个策略中的所有方面，强迫人们真正去证明其合理性。如果他可以一直走到底，如果这仍然是一致的和坚实的，那么这个战略可能是可行的。”[34]

格鲁夫在英特尔内部同样因为在每场会议末尾的 AR（“待办

公事”）而著名。他期待有跟踪活动，他的员工会跟踪 AR，即使是那些格鲁夫“下达”给老板们的 AR——英特尔的联合创始人鲍勃·诺伊斯和戈登·摩尔的 AR。没有人想要来开会时没做好准备，没有人想要开会的时候还没完成自己的 AR 任务。这是最佳的执行。

高管需要介入，推动一些困难的行动……在规定从上至下的战略方向上，我非常有指导性。[35]

——安迪·格鲁夫（1996）

永远不要丢掉大局观

盖茨、格鲁夫和乔布斯都有深入产品与运营细节的倾向性，因为他们很少将目光从大局移开而变得更加不同寻常。他们更高的目标——创造拥有支配地位的软件和半导体企业，或者用简约而优雅的产品设计赢得消费者的喝彩——决定了哪些细节对于他们是重要的，哪些是不重要的。然而，将大局与重视哪怕最为微小的细节进行平衡的能力对于他们来说并不是与生俱来的，也非容易之事。这是他们学会的另外一项技能，或者说至少是学着做得更好。

从顶层提供方向

在寻找细节与大局之间，以及自上而下的方向与基层自治的平衡方面，格鲁夫最为挣扎。从60年代后期直到80年代中期，格鲁夫领导了一个他理解为“坚定的自下而上”的战略规划流程。他坚定地相信中层经理人——不是像他一样的高层管理人员——具备进行资源配置决策的最佳条件。结果，英特尔早期的规划流程要求中层管理人员准备他们自己的战略规划，然后将其呈现给格鲁夫与其他高管，他们会提关于目标、资源与竞争等各种难以回答的问题，但是并没有要求提出高层指导方向让经理人去遵循。

在80年代中期，这个方法的价值很明显，当时中层管理人员引领英特尔业务进行了历史性转变。到那时为止，企业的目标一直都很简单，用格鲁夫的话说就是：“领先于竞争对手，制造更大更好的半导体存储器。”[36] 但是，到了80年代中期，行业已经发生了改变，是微处理器，而非存储器，获取了多数价值。“战壕中”的中层管理人员在格鲁夫与其他高管之前看到了这些改变，因为他们可以说是“跟着钱走”。比起存储器，个人电脑制造商突然间愿意为微处理器花更多钱。作为响应，英特尔的生产规划人员与财务专家逐渐将产能从亏损的存储器业务中转移到利润更高的微处理器上。“仅通过日常工作，这些中层管理人员就调整了英特尔的战略姿态。”格鲁夫之后说。[37] 到了格鲁夫与摩尔决定正式退出存储器业务时，英特尔的8个硅制造工厂中只有一个还在生产存储器芯片。中层管理人员的决策使得英特尔向微处理器的转向没有那么猛烈，也没有那么痛苦。

这个故事也让格鲁夫清晰地看到自下而上的计划不足以帮

助英特尔快速转型，或者说比业界更快地转型。英特尔需要其高层领导利用他们的有利地位重塑企业。中层领导可以在现有的营业范围内调动资源，但是只有高管有权关闭旧厂，建立新厂，引导大量的研发或者营销资源进入新的方向。正如格鲁夫所回忆的那样：

高管需要介入，推动一些困难的行动……那时我们同样意识到一定有一个更好的形成战略的方法。我们所需要的是中层管理平衡性的互动，他们的知识程度深，但是焦点窄。同样需要高管，他们更宽的视野可以建立一个情景。[38]

格鲁夫在 1987 年成为首席执行官后，完全改变了我们在第一章中讨论过的 SLRP（战略长期规划）流程。从这个时期开始，他和一位技术助理每年花费几周，有时甚至至少一个月进行研究，准备报告，有时会做 200 页幻灯片。他们在这些报告中加入相当多的辩论与研究，为整个管理团队提供路径图。然后，在范围更广的管理会议上，格鲁夫并不是先听部门经理的汇报，他会先进行评估，然后阐述公司的战略以及 4 个左右的高层战略任务，他希望在讨论与润色后，每个人都会采纳。然后英特尔的经理会将这些任务贴在公司世界各地办公室的每面墙上。格鲁夫解释说："在规定从上至下的战略方向上，我非常有指导性。这定义了团队所有的战略，这为不同层级的团队提供战略框架。"[39]

但是，格鲁夫并没有放弃他之前所认为的中层管理人员应该有权做出关键决策的信念。新的企业层面的 SLRP 会议成为团队层级战略规划的基础。业务经理为他们的部门进行战略与战术规划，推动格鲁夫的企业目标向前进。每个团队基于企业的战略目标制订详细的产品线计划，然后向格鲁夫与其他高管成员展示。

在这个过程之中，格鲁夫继续按照这样的信念行动，即好的战略思考需要不同的观点，厘清这些不同的观点需要高管团队与企业内外专家进行集中持续的辩论。英特尔内部描述格鲁夫所鼓励的氛围是“建设性对抗”。格鲁夫这样描述自己的角色：“我防御，我挑战。同时也努力学习。我从来不会毫无准备地去开会。”[40] 他希望战略辩论能够“像摄影师洗印照片时锐化对比的流程一样。更清晰的影像能够使管理层在信息更加清楚的时候——以及可能是更加正确的时候——进行决策”。[41]

90 年代初英特尔的文件显示，英特尔的规划流程类似于教练管理体育团队。企业 SLRP 类似于坐在教练椅上给队员发出指令。产品组规划文件类似于运动员回应教练的信号，要么认可并接受指令，要么建议用其他的方式达到同样的目标。这个有指导的来回过程征集了来自运动员的输入，允许在设定与执行英特尔的企业战略时进行对话。同时，教练员设定战略方向这一点是清楚的。

为思考与学习投入时间

除了鼓励在战略方面进行激烈的辩论，盖茨、格鲁夫和乔布斯同样通过投入时间思考和学习新的东西，为这些讨论助力。作为游戏的学习者，而不仅仅是运动员，他们积极寻求能够帮助他们理解技术、消费者与竞争者如何改变的信息。另外，他们很尽责地在自己的知识中填补基本的空白。

比如，史蒂夫·乔布斯在商业方面的教育大多数来自迈克·马克库拉。他是苹果早期的投资人，1981 年到 1983 年任职首席执行官，1985 年到 1997 年任职董事局主席。马克库拉在商业计划、营销方面指导乔布斯，要重视意见，真正为消费者做好的事情。[42] 乔布斯在皮克斯也学到了许多关于制作电影与图形方面的知识。他回到苹果后，就经常询问吉米·艾欧文关于音乐业务的复杂细节。在苹果，罗恩·约翰逊指导乔布斯进行零售管理。其他重要的副将，包括乔尼·伊夫、蒂姆·库克、乔恩·鲁宾斯坦和艾维·特凡尼安，教授他工业设计、供应链管理、制造和软件架构等关键议题。

安迪·格鲁夫在英特尔时将学习作为他最重要的任务。他最初是完美的运营为导向的经理。1987 年成为首席执行官后，他致力于学习战略。除了广泛阅读以外，他还上商学院的课程，最终在商学院任教，一开始是在哈佛，后来在斯坦福。与此相似，在 80 年代末期，格鲁夫认识到英特尔不再是一个宽线半导体企业，他将自己投入理解电脑、销售和消费者营销，他很大程度上依赖于魏德生和丹尼斯·卡特等英特尔的经理，以及外部专家与董事成员。20 多年之后，格鲁夫仍然记得从戴维·艾克斯那里学到了“品牌就是承诺”。戴维·艾克斯是伯克利哈斯商学院的营销学教授，曾受卡特邀请发表演讲。[43]

比尔·盖茨因投入时间进行思考和学习广为人知。一年中他有两次“思考周”——7 天隐居学习新内容并思考其对微软的影响。

比如，在其中的一周里，盖茨研究了自然语言界面的演化，据说他阅读了 112 篇文章与技术报告，主题涵盖从语言理论和前沿的电脑科学到教育的趋势。[44]

盖茨同样每年定期撰写 4~5 个主要的备忘录，通常是在他的思考周里完成。有时，他们分析战术问题，比如提高客户支持，在 90 年代初，因为 Windows 客户的数量从几万激增到几千万，这成为一个主要的挑战。[45] 但是，在多数时间里，他会对微软所面对的最大挑战给出高层的战略评价。

“互联网浪潮”写于 1995 年 5 月，这是盖茨最为著名的思考周备忘录。创立无处不在的网络最佳策略的内部辩论经历了几年之后，盖茨利用这些天的学习与反思来提炼他的想法。他看到了工作中的革命并且使用备忘录作为企业中每个人的战斗号角。拉斯·西格尔曼在 90 年代早期经营 MSN 组，他这样记述盖茨在这个时期是如何思考的：

> 他结合自己关于市场如何运作，为什么人们会买东西，你如何打败竞争对手与技术独到的见解结合起来。如果你仔细阅读互联网备忘录的话，会发现它不是关于技术的，而是关于“看这些人将会把我们今天已知的所有东西都去中介化。它会碎片化。每个人都能成为自己的书报摊”。他在其他人之前到达了那里……这是他一贯做的，那是他的备忘录所关注的内容。“我看到了未来，它结合了商业模式与技术。我们必须到那里去。”[46]

盖茨的备忘录，就像他在思考周中得出的其他结论一样，也许并没有把微软战略的方方面面全部讲清楚。这同样也是在企业中其他高级层导的研究和分析之后得来。但正是这份文件设定了微软未来几年的主题。最终，确定这些主题只有首席执行官才能够有效推进。

产品计划成为战略计划

相比于盖茨和格鲁夫，史蒂夫·乔布斯不依赖于传统的战略规划或者详细的备忘录和竞争对手分析来设定方向。与之不同，他创立了一个非正式的流程，主要是高管团队与精选的外部人士进行关于产品的对话与辩论。但是，这些讨论的确是在一个大背景下进行的。乔恩·鲁宾斯坦解释说："我们讨论总体战略——数字中枢战略、云战略、应用。我们的确讨论大局的情况。"然而重点总是集中于现有的产品计划而非宏大的企业愿景。这个方法反映了鲁宾斯坦所称的乔布斯的"序列"人格："史蒂夫不能同时关注两件事情。所以，他完成了上一个事情，才开始思考另外一件事。"[47] 通常来讲，乔布斯一次集中关注一个产品，比如新的麦金塔电脑，或者 iPod，或者 iPhone，然后再关注他的"下一个重要的东西"。一旦继续前进，乔布斯知道他可以依赖身后的团队完成现有的产品，之后团队会追上他的步伐。鲁宾斯坦总结道："我们不做战略规划。我们规划下一个产品。总是这样'好的，我们现在到了岔路口，我们该选哪条路？'"[48]

换言之，苹果的企业战略从乔布斯的愿景与产品计划中浮现，一次实行一个，而不是像英特尔那样有技术路线图或者微软那样的三年规划。苹果的产品规划，来自乔布斯对于消费者想要什么的感觉。正如他在1997年苹果的全球开发者大会上所解释的："我经常发现，你需要从用户体验出发，然后倒推出技术。你不能从技术开始，然后试图找出能够在哪里卖掉它。可能我在这方面犯的错误比在座的任何人都多。"[49]

为了强化一次专注于一个产品的做法，乔布斯重组了苹果。他换掉了产品—事业部的结构，他觉得这个结构过于复杂，取而代之建立了简单的职能结构。具有讽刺意味的是，乔布斯多年之前引入了事业部的结构，以便将丽萨和麦金塔电脑的事业部与苹果二代分开。[50]现在，他想要使用组织结构改变行为。每个事业部单独的利润表让位于整个公司单一的利润表。这个更为简单的组织使得乔布斯能够更加容易地将他对于新产品的想法转化成全公司的关键活动——产品开放、供应链管理、制造、营销和销售——而不用经过事业部管理人员。他只需要与职能经理合作。单一的利润表也鼓励全体高管团队密切关注企业总体盈利的情况，而不是一个特定的产品部门。[51]

乔布斯同样主持高管团队的每周会议，这保证组织在轨道上运转并且紧密协调，尽管这高度依赖于他让人们步调一致的能力。罗恩·约翰逊是乔布斯负责零售的下属，他回忆道："高管们每周见面，并且一起工作得很好，但是高管团队成员在这些会议以外很少有互动。史蒂夫是那种能够将一切编织在一起的人……因此（产品线的推出）在许多方面看起来都那么完美，在每一个触点上都是品牌能够做到的最完美的状态。"[52]

在一个价值几十亿美元的企业中，首席执行官能够取消产品事业部并且对消费者相关的一切进行直接监督，这是非常罕见的。结果是，苹果的管理系统极大程度上依赖于乔布斯个人的参与。一方面，他会鼓励职能竞争与个人对抗；但是另外一方面，他的领导力风格能够创造如 iPod、iPhone、iTunes 和 iPad 等惊人的创新产品。

2011 年乔布斯抱病从首席执行官的职位上退下来时，很显然没有人能够取代他。乔尼伊夫仍然负责设计，但是公司将不同的职能经理进行产品开发的角色轮值。也有报告称首席执行官蒂姆·库克非常努力想要打破职能分割，通过流程与组织变革引入更加正式的协调机制。在我们写下这些文字时，讨论这些新举措将要产生什么样的结果为时尚早。苹果仍然在转型期，库克、伊夫和苹果其他高管团队的成员想要保留乔布斯带给公司的最好的东西——他对于设计优雅的热情与对细节的关注，以及他领导定义品类的创新能力——同时使苹果公司不再那么依赖于任何个人。如果他们能够在这个极度困难的任务上成功，苹果很有可能在未来发展得很好。

从成立开始，我们在英特尔就致力于打破拥用知识权力的人与拥有组织权力的人之间的壁垒。[53]

——安迪·格鲁夫（1996）

给"有知识"的人以权力

到现在，我们已经探讨了使盖茨、格鲁夫和乔布斯成为有效领导的关键特点——他们的自知、注重细节以及对于大局的掌握。但是不管首席执行官多么有才华，如果没有获得帮助，就无法领导像英特尔、微软和苹果这样的企业。所有领导在知识、技能和兴趣方面都有缺陷，需要其他高管和员工来弥补。盖茨、格鲁夫和乔布斯用两个方法成功地解决了这个问题：第一，他们聘用极为有才华的"智囊团"组成高层管理团队，并且赋予他们行动的权力。第二，他们深入挖掘组织内部，找出领域专家，不论年龄与职位，只要能够最好地理解技术与市场如何改变就行，并给予他们影响力与资源。

找一个、两个或者三个合作伙伴

盖茨、格鲁夫和乔布斯都与技能上互补的主要高管形成了紧密的合作关系。比如，史蒂夫·鲍尔默是一个高能量的销售员与企业的"啦啦队长"，他与比尔·盖茨这个沉思型的、尖刻的软件"呆子"形成了完美的互补。[54] 用保罗·马里兹的话来说，比尔·盖茨主要负责战略与"平台"，而史蒂夫·鲍尔默负责竞争——打败其他人："史蒂夫的灵魂是竞争，他是世界上最棒的竞争者。他的办事方法就是将你的牙锁在别人的脚踝上，然后你保持前行即可。"[55] 不论鲍尔默作为一名技术远见家的短处是什么，很难想象如果没有盖茨和鲍尔默掌舵20年，微软是否能够获得同样的成功。

安迪·格鲁夫同样也需要智囊团的帮助，特别是在需要深入的电脑架构、半导体设计和制造技术知识的领域。在英特尔成立的10年之内，先进的半导体科学已经得超出了他的专业知识范畴。他依靠企业中物理、化学和材料科学专业的博士们，以及电子工程师和计算机科学家，让英特尔保持在摩尔法则定义的路径上。另外，在1987年成为首席执行官之后，他任命其他高管去处理与他没有特别关系的任务。[56] 比如，格鲁夫记得在2013年，他的首席运营官和继任者克瑞格·贝瑞特开始负责生产，去边远地区出差，并且“做很多我痛恨的事情”。[57]

但是在这三人之中，史蒂夫·乔布斯可能最依赖于他的高管团队与其他的企业专家。乔布斯的技能令人敬畏，但是范围有限。正如他对传记作者所说：“我最擅长的事情是寻找一群有才华的人并且和他们一起做产品。”[58] 弗雷德·安德森是乔布斯任上的苹果首席财务官，他说：“史蒂夫想要控制任何接触到消费者的部分，不管是操作系统的图形用户界面，苹果所做的应用的易用性与外观，工业设计，产品包装，广告……这是他的热情所在，也是他投入时间的地方。”[59]

乔布斯最大弱点之一就是运营。他对运营方面的问题不感兴趣，也缺乏有效管理这些问题的技能。但是随着时间的推移，他开始意识到这些对于苹果的绩效非常重要，需要让一名强悍的高管负责。唐娜·杜宾斯基在80年代为乔布斯工作，她告诉我们在乔布斯第一次入主苹果时，“他完全蔑视运营。任何后勤问题都是无趣的，也是不重要的。但是再次回到苹果时，他意识到聘用世界级的人才很关键……他彻底改变了对于运营职能的尊重程度与资源投入”。[60]

事实上，乔布斯回到苹果后雇用的第一个人就是蒂姆·库克，他之前在IBM与康柏工作，于1998年加入苹果。库克的工作是整理公司的制造、分销和供应链系统。乔布斯之后说：“我意识到他和我看问题的方式完全相同……（蒂姆）与我有相同的战略愿景，我们可以在一个高级的战略层面互动，除非他来向我发牢骚，我可能忘掉很多事情。”[61] 库克在2000年接手销售与用户支持业务，在2004年接手麦金塔电脑硬件事业部。乔布斯在2005年任命他为首席运营官时，库克比其他任何高管参与的苹果业务领域都要多。2011年，他接任苹果的首席执行官，而乔布斯正在与胰腺癌打一场必败之战。

苹果其他重要的高管包括乔恩·鲁宾斯坦，他曾经在NeXT负责工程，之后在苹果负责生产。鲁宾斯坦早先在惠普工作，他能够为NeXT和苹果引入严谨而灵活的工程工艺。（他于2006年离开苹果，成为Palm的首席执行官，之后成为亚马逊和高通的董事局成员。）艾维·特凡尼安有卡内基梅隆大学计算机科学专业的博士学位，同样也在NeXT为乔布斯工作，之后1997年加入苹果。他带来软件架构与设计的深入技术知识。[62] 营销这方面，乔布斯在2000年聘用了罗恩·约翰逊，哈佛的工商管理硕士，之前在塔吉特公司工作，来建立苹果新的零售业务。乔布斯告诉约翰逊：“这里要做的事情就是你来教我零售，我来教你消费电子的知识。我们到购物广场去转转。”2000年苹果大会后的一天，他们花了4

个小时漫步斯坦福购物中心。[63]

与库克一道，乔布斯最重要的合作伙伴还有乔尼·伊夫，他负责工业设计。1992 年伊夫受雇于苹果，在鲁宾斯坦带领下工作了许多年，因为设计目标经常与制造现实冲突，两人关系紧张。[64] 但是伊夫与乔布斯有特别亲密的关系。正如乔布斯所说的："如果说我在苹果有一个精神伙伴的话，那就是乔尼。乔尼和我一起思考多数产品，然后叫上其他人说：'嘿，你觉得这个怎么样？'"[65] 2005 年，乔布斯提拔伊夫做工业设计高级副总裁，直接向首席执行官汇报，与鲁宾斯坦同一级别。根据乔布斯所说，从那时开始，伊夫开始"在苹果有了仅次于我的运营权力。没有人能告诉他要做什么，或者别管闲事。这是我建立的模式"。[66]

能够吸引并留住那么多有才华的高管，反映了乔布斯为团队成员提供的无形与有形的好处。他有一个知名的嗜好，就是粗暴对待下属。但是乔布斯也可能极端有魅力，特别是对于能够达到他苛刻要求的同事来说尤为如此。罗恩·约翰逊说："史蒂夫是我见过的最好的委托者，如果他信任你的话。"[67] 另外，乔布斯为关键员工提供赚取大量金钱的机会。乔恩·鲁宾斯坦仅在签约时就获得了 100 万股票期权。[68] 约翰逊获得 60 万股，价值相当于他在前一个雇主塔吉特公司那里一年赚取金额的 100 倍。[69] 对于乔布斯所追求的多数高管来说，加入苹果团队并且在那里待上一段时间并不困难，特别是在景气的年份里，iPod、iTunes 之后就有了 iPhone 和 iPad，苹果成了世界上最有价值的企业。

将知识力量与组织力量结合起来

除了雇用第一流的高管，盖茨、格鲁夫和乔布斯寻求在所有层级的工作中都雇用最棒与最聪明的人。正如盖茨 20 年前告诉我们的，他寻找高智商的员工。他相信，如果你能够得到真正聪明的人，微软可以教他们软件方面的知识。关键是找到聪明的人，他们会贡献新点子。与之相似，史蒂夫·乔布斯喜欢说 A 级企业雇用 A 级员工、B 级企业雇用 C 级员工——最终导致“笨蛋爆炸”。[70] 这个问题的解决方案就是只雇用 A 级员工——随着微软与苹果的成长，这个任务变得越来越困难。

安迪·格鲁夫在雇用人才方面像盖茨与乔布斯一样尽心尽力。但是他和这两位不同的是，他的重点是深入组织内部找出杰出的员工，将他们放到英特尔能够从他们的专业知识中获得最大好处的岗位上去。他知名的举措是在正式的管理登记以外寻找公司里在当下最为重要的主题上知识最丰富的员工。对于格鲁夫来讲，这个是“公平竞争环境”。能否影响他取决于你知道什么，而不是你是谁。

格鲁夫决心不论等级，同等重视员工，其中一部分原因是他意识到英特尔有着相对封闭的文化。多数高管来自公司内部，有着科学或者工程方面相似的背景。在格鲁夫的直接下属中，只有小部分高管受过正规的管理培训，或者有大量的外部经验。考虑到八九十年代影响英特尔的快速改变的因素，格鲁夫越来越感觉到需要到管理团队以外获取信息和思考，有时需要寻找新的领导。

比如，1986年，格鲁夫让27岁的工程师帕特·基尔辛格负责关键的486微处理器业务。5年之后，基尔辛格成为公司历史上最年轻的集团副总。2012年，他成为威睿的首席执行官。随着软件对于业务越来越重要，格鲁夫发掘了当时不到30岁的詹睿妮担任他的技术助理。她后来领导软件与服务部，2013年成为英特尔的总裁。[71] 这些任命反映出格鲁夫的思考，他意识到，尽管自己有巨大的“组织权力”，却没有其他人拥有的“知识权力”。1996年，他在《只有偏执狂才能生存》一书中描述了这个困境：

从成立开始，我们在英特尔就致力于打破拥有知识权力的人与拥有组织权力的人之间的壁垒。销售人员了解自己的领域，沉浸于最新技术的计算机架构师与工程师拥有知识权利。那些管理或者重整资源、制定预算、分派员工或者将员工从项目上撤下来的人拥有组织权力。这两类人都需要尽全力引导企业获得良好的战略结果。理想状态是，每个人都尊重其他人为团队带来的东西，不会因为别人的知识或者地位而感到害怕。[72]

只听取高管的话，不管他们多么有能力，会使首席执行官陷入公司内部发生的事情与外部市场所发生的事情隔绝的危险。格鲁夫总是害怕这样的事情会发生在自己身上，并且将这样的孤立归咎于1994年奔腾危机的慢速反应。[73] 作为对策，格鲁夫将年轻的新人引入他的核心圈子（包括大卫·尤费，当时只有34岁，格鲁夫邀请他加入英特尔的董事会）。另外，格鲁夫通常寻求在业务“遥远边缘”的员工的建议。格鲁夫管后者叫作“有帮助的卡桑德拉”，并且期望他们在常规的信息来源之外，为他带来新的视角和消息，特别是坏消息。[74]

为了获取信息撒大网

与之相似，比尔·盖茨寻求多元的信息来源以及负面报道，他曾经写道：“有时，我认为作为首席执行官，最重要的一项工作就是听取坏消息。”[75] 但是他撒的网比格鲁夫更大，经常到微软以外去寻找能够填补他技能与经验空白的技术专家。在八九十年代，这些员工中包括来自施乐帕罗奥多研究中心的查尔斯·西蒙尼，他是研究应用设计与编程方法的斯坦福博士；内森·梅尔沃德，普林斯顿物理学博士，曾经师从诺贝尔奖得主史蒂芬·霍金；布拉德·西尔弗伯格，软件工程师，曾经在苹果与宝蓝公司工作，之后负责 Windows 95 项目，建立了一个新的互联网平台和工具事业部。还有保罗·马里兹，曾经在英特尔工作的软件工程师，之后领导 Windows 事业部。盖茨甚至找到像克瑞格·蒙迪这样的高管，他是超级计算机公司（Alliant Computer Systems）的联合创始人，该公司于 1992 年破产。盖茨觉得自己在重要的事情上都没有失败过，而且想要他周围的人在企业失败之前感知到信号。[76]

盖茨同样鼓励微软员工间信息自由流动，创造了一个主要基于电子邮件的开放文化。（他的电子邮件地址 billg@microsoft.com 在公司以及行业之中都广为人知。）保罗·马里兹在 90 年代领导 Windows 事业部，确认任何人都能够联系盖茨，有些人甚至成功地改变了他的想法："你可以联系他……如果你给他发送了一封充满思考的电子邮件，你就会得到一封充满思考的回复邮件。"[77]

盖茨对于互联网的醒悟提供了微软文化如何运行的典型例子。1994年初，一名叫作J·奥拉德的年轻工程师开始就万维网这个新生事物给盖茨发邮件。[78] 在那个时候，盖茨与其他高管全神贯注于开展Windows NT与Windows 95的工作，以及专有在线网络（MSN）的工作，以便与美国在线竞争。他们没有分神给正在发展的万维网。值得赞扬的是，史蒂夫·鲍尔默从用户那里得知，互联网可能会变得重要，在1994年晚些时候，他请奥拉德将TCP/IP连接——这是互联网的水管——加入Windows 95。公司的高管几乎没有花时间讨论过互联网，正如他在1993—1995年与企业员工经常互动中发现的那样。[79] 但是，逐渐地，下层的压力开始增加。另外两名年轻的经理开始给盖茨发电子邮件，敦促在互联网上采取行动：本·斯利夫卡领导DOS开发项目的最后部分（之后领导前三个Internet Explorer的项目）；史蒂芬·辛诺夫斯基，他曾经是盖茨的技术助理，正转移到Office工作组（之后成为Windows事业部的总裁）。

尽管许多其他的事情需要占用盖茨的时间，但是他还是能集中注意力。1994年夏，他给一个年轻的工程师托马斯·里尔登开了绿灯，允许他基于Spyglass授权的技术，为Windows 95打造一个浏览器。辛诺夫斯基去康奈尔招聘时看到学生们用互联网。1995年初，盖茨让他为高管团队就此组织一场重要的非现场活动。

然后盖茨花了一个思考周在互联网上。更好地理解了所面临的情况之后，盖茨在 1995 年 5 月发布了“互联网浪潮”备忘录。拉斯·西格尔曼总结了逐渐走到这一步的过程：

比尔通过电子邮件和备忘录发现，聪明人有些有趣的话要讲。最佳的例子是 J. 奥拉德，他当时是 MSN 工作组中一个初级开发者或者项目管理，他最终不仅推动了，而且管理了公司许多互联网相关的软件……比尔发现这个人真的很聪明。他知道这个人在其他人之前很早就开始用互联网。比尔说：“你看，我们得听这个人的话，他知道发生了什么事情。”[80]

在他 1999 年的书《商业 @ 思想的速度》中，盖茨承认了这个底层建议的重要性：“微软响应互联网的动力并非源自我或者其他高管，它来自少数看到事件展开的尽职的员工。通过我们的电子邮件系统，他们能够为事业集合每个人。”盖茨评论的最后一部分反映了格鲁夫给予有知识权力的人以组织权力的观点：“他们的故事例证了我们的政策，从第一天开始，企业中任何部门的聪明人都应该有权力推动一项事业。”[81]

从大师那里学到的经验

制定战略是一回事，有效地执行则可能完全是另一回事。盖茨、格鲁夫和乔布斯很大程度上在两项任务上都是成功的。尽管从外部来看，他们没有人看起来像模范首席执行官。他们依靠个人抓手，创造了独特的战略地位、组织能力与企业文化，使微软、英特尔和苹果受用几十年。即使是互联网也无法破坏这些公司的商业基础。微软和英特尔成功地从个人电脑时代进入新的网络时代，尽管他们还有待恢复 90 年代享有的全面影响。同时，苹果活了下来，在新的环境中繁荣发展，同时通过销售创新的产品与服务同样经历爆炸式的增长。

盖茨、格鲁夫和乔布斯对其企业的成功做出了直接的贡献，不仅通过制定战略，同时通过提高执行的标准。在微软、英特尔或者苹果，没有人认为可以平庸地工作或者在首席执行官感兴趣的领域用不成熟的想法“混过去”。然而，这三个人都不允许自己被琐事分神。三位首席执行官都专注于对消费者和业务最为重要的领域，他们自信地从组织的最高处指导高层战略。

为了获得帮助，三位首席执行官都找到并发展少数的关键合作伙伴，并由一大群智囊团支持。用格鲁夫的话来说，这些“团队中的团队”[82]，弥补了他们的弱点以及知识或者兴趣上的不足。盖茨的关键合作伙伴是史蒂夫·鲍尔默，但是他也同时与其他经理和工程师紧密合作。格鲁夫很大程度上依赖于克瑞格·贝瑞特，以及其他关键高管。乔布斯有一个合作伙伴的长长的表单，其中包括现任首席执行官蒂姆·库克、设计负责人乔尼·伊夫。这些管理团队合作伙伴被证明是首席执行官的关键补充：没有他们的协助，盖茨、格鲁夫和乔布斯就无法如此一致地进行如此多的交付。

但是盖茨、格鲁夫和乔布斯并不完全依赖于他们的智囊团提供观点与信息。三位领导者都愿意将传统等级放到一边，以便获得新鲜的视角和观点，推动责任制，并且收集技术、用户或者竞争发生改变的有关信息。没有极为年轻工程师的观察，盖茨和格鲁夫没有办法在互联网的挑战中生存下来。苹果产品多数是从公司的基层向上产生的，乔布斯主要作为策展人或者“交响乐队指挥”，很大程度上依赖于他辨识与综合好点子的能力。

简而言之，盖茨、格鲁夫和乔布斯是与众不同的人，但是他们在执行的关键方面使用的方法类似，而且都非常奏效。他们个人的热情与独特的个人抓手扎根于他们的企业中，在他们首席执行官的任期中与之后的许多年里都一直是企业力量的来源。到了他们退出的时刻，每个组织都失去了非常宝贵的领导者。

同时，微软、英特尔和苹果近年来表现出的诸多局限性，可以追溯到盖茨、格鲁夫和乔布斯所做的决策以及他们所建立的文化和商业模式。今天，微软仍然主要是一个软件产品企业，多数的收入和利润高度依赖于 Windows 和 Office 平台。英特尔仍然大力追求摩尔法则，其多数利润来自销售个人电脑和服务器的微处理器。苹果多数的销售仍然衍生于乔布斯任首席执行官时设计的少数几个突破性消费产品。盖茨、格鲁夫和乔布斯对于他们各自的企业产生的巨大影响是强大的资产，同时也有巨大的局限性，我们将在结论一章中讨论。

结　论

下一代明星领导者的养成

是什么成就了伟大的战略家？是什么使得一些首席执行官和企业家如此出众？我们在本书中的目标一直是解决这些问题，形成最佳实践指导。经过几十年对比尔·盖茨、安迪·格鲁夫、史蒂夫·乔布斯还有他们企业的研究，我们提炼出一套法则来描述他们在领导组织的时候所遵循的基本原则。我们也辨识出他们功亏一篑的关键原因。这些教训，有积极的，有消极的，对于在快速的、平台驱动的行业中的经理特别有价值。但是，他们的重要性不仅限于高科技世界。任何人通过向盖茨、格鲁夫和乔布斯学习，都能够成为有效的战略思想家和组织领导。

如果这个任务看似令人生畏，记住，这三位首席执行官不总是为本书提供灵感的“行业巨人”。诚然，他们都天资不凡，有着不同寻常的智力、专注和热情。但是公司领导的艺术是随着时间的推移学到的。通过持续的努力和坚持以及试错，他们将自己变成战略大师，弄清如何塑造组织以推动更好、更有效地执行。我们的目标是为您指出相同的方向。

五个法则

下表总结了从盖茨、格鲁夫和乔布斯共同的记录中凝练出的五个法则。我们将每个法则用了一章阐述，并且将每个法则分为四个原则。

第一个法则要求首席执行官与企业家们放眼长远，不要局限于眼前问题。在向高管讲授战略时，我们经常问他们："你明天会在哪里做出改变？"读完本书之后，请问自己同样的问题。你想要公司3~5年后看起来是什么样的？你想要世界看起来是什么样的？或者更精确地说，你觉得消费者未来想要什么？你的竞争对手可能做什么？需要什么样的改变，不仅针对你的企业，同时还有你的行业或者是整个经济？不是每个人都能成为伟大的远见者——我们通常将这个品质与盖茨、格鲁夫和乔布斯这样的杰出人物联系起来。但是任何首席执行官或者战略家都能够学会问更好的问题，能够成为严谨思考的管理者，可以选择对于未来最强大的想法，不论这些是起源于公司内部还是外部。

向前看是必要的，但这只是一个开始。盖茨、格鲁夫和乔布斯采取了下一个关键的步骤——向回推理。这将他们长远的愿景与当下的行动联系起来。三位都知道，为了实现5年的愿景，必须在今天，接下来6个月，以及之后6个月有一个计划。这就意味着要确立重点，这样才不会脱离正轨。确保你培养出满足客户需求的能力。采取步骤，比如建立进入的壁垒、挫败竞争者的举措。最关键的，当你瞥见远处有10倍的改变时，尽早行动并且果断建立竞争优势。

战略法则

向前看，向回推理	**下大赌注，但不要赌上公司**	**打造平台和生态系统，而不仅仅是产品**	**利用杠杆和权力——玩柔道和相扑**	**在个人抓手的基础上塑造组织**
形成对于未来的愿景；设定首要任务	下大赌注去改变游戏	考虑平台，而不仅仅是产品	保持低调	了解你自己——毫无保留
预测客户需求，努力匹配这些需求	不要堵上公司	考虑生态系统，而不仅仅是平台	和你的敌人保持近距离	格外注重细节——有选择的
预测竞争敌手的行动；设置进入障碍	蚕食自己的业务	创造你自己的补充物	拥抱对手的优势并将其延伸	永远不要丢掉大局观
预测行业拐点；应对改变	止损	发展并发明新的平台以避免被淘汰	不要害怕仗势欺人	给“有知识”的人以权力

盖茨、格鲁夫和乔布斯接受的第二个法则是下大赌注，但是不要赌上公司。这三位都理解如果小赌就不可能大赢。他们不追求轻而易举的胜利，他们选择全垒打——不论这是否意味着直接与行业领袖竞争，推翻行业常态，或者创造全新的产品品类。然而，他们避免让公司受到过多的威胁。孤注一掷是鲁莽的行为。没有一个战略家会将所有的风险都押在“掷骰子”上。有些企业家很愿意“孤注一掷”，但是盖茨、格鲁夫或者乔布斯不会这样做（至少在乔布斯第二次入主苹果时是这样的）。他们想要的更多，并不仅仅是为了钱。盖茨、格鲁夫和乔布斯想要建立对于客户和世界都产生持续影响的产品和企业。为了产生这样的影响，他们需要大的想法、大的梦想，以及大规模的、大胆的行动，但是他

们也要确保企业能够生存下去。

第三，盖茨、格鲁夫和乔布斯都会超越企业的边界看问题。他们不仅专注于打造产品，同时创造与控制第三方创新平台和补充性产品与服务的配套生态系统。但是，每个首席执行官在接受平台的概念时，都有非常重要的区别。他们管理生态系统伙伴多样的方法与促进业界的创新反映了平台战略与产品焦点之间的关键挑战。

第四个法则集中于战术层面的共性。盖茨、格鲁夫和乔布斯在运用影响力和权力方面都是大师。一点也不奇怪的是，作为世界上最大企业的领导，他们在完全利用自己的力量和资源方面一点也不害羞，这包括采取法律行动到锁定分销与利用资产。我们将依赖于这种权力的举措称为相扑战术。但是三位首席执行官也同样熟稔于柔道战术，他们使用机敏与速度多于使用力量，比如保持低调，与对手合作直到进攻的时机成熟。利用这两套技巧的能力使得他们成为令人生畏的对手。

第五，盖茨、格鲁夫和乔布斯以相似的方法塑造了他们的企业，以及他们企业的执行能力。每个人都有独特的热情与力量，来帮助确定企业的战略方向、独特的能力与组织文化。三位都没有试图做完美的领导或者是模范总经理。取而代之的是，他们头脑中总是保留着大局观念，同时会深入到热切关注的细节中去。在他们关注热情较少的方面，让可以信任的经理去做。通过自身的例子，他们教会组织中的其他人要重视什么以及为什么。另外，他们不断寻求新的专家资源，特别是在他们不太擅长的领域，通常是在公司中广泛而全面地寻找知识最丰富的人，不论其资历与级别。

下一代领导者

盖茨、格鲁夫和乔布斯是领衔现在技术世界的第一代明星。其他技术内外的知名首席执行官通过许多相同的法则建立了极佳的企业。更为相关的是，在21世纪，新一代的“明星”成长起来，比如谷歌的拉里·佩奇、脸谱网的马克·扎克伯格、亚马逊的杰夫·贝佐斯和中国腾讯的马化腾。审视这些人至今的表现，我们发现他们的战略方法和领导力与我们讨论过的盖茨、格鲁夫和乔布斯惊人的相似。这些相似性加强了这五个法则仍是现今世界中战略、执行和企业家精神有效的指导这一信念。

拉里·佩奇：向前看，下大赌注，建立平台

谷歌的首席执行官拉里·佩奇与安迪·格鲁夫一样，最初是科学博士。在互联网的大繁荣时期，他从斯坦福的计算机科学博士项目上辍学，在1998年与谢尔盖·布林共同创立了谷歌。从一开始，他与布林就向前看，并且设立了高目标。他们对于谷歌最初的雄心不是整理世界上的信息，而是做出一个更好的搜索引擎。最终，由于很明确地看到计算机世界正在经历一场翻天覆地的变化，进入我们所谓的“云”，这个目标变为一个愿景，让谷歌互联网成为基础的产品与服务的通用提供商，所有的一切都由广告费

用支持。

为了实现这一愿景，谷歌团队准备好下大赌注，建立大型的搜索与其他互联网服务平台。2004 年谷歌上市时，创始人在信中这样描述："在前景向好的新机遇上下赌注，我们是不会犹豫的。我们不会因为短期的收益压力就避开高风险高回报的项目。"[1]谷歌信守承诺，不断采取大胆的举措，保证提供满足客户需要的能力。21 世纪最初的几年，谷歌预测到未来的发展与基础设施的需求，开始收购光纤光缆网，建立自己的服务器，进行大规模的资本投资建立巨型数据中心。与之相似的是，随着视频在网上体验中开始扮演核心角色，谷歌 2006 年在 YouTube 上花费 16 亿美元，并且坚持下去，亏损了很多年。

但是可能谷歌在此期间的较小投资结果有了最大的回报。2005 年，谷歌花费 5000 万美元收购了一家叫作安卓的移动操作系统小型企业。佩奇、布林与 2001 年加入谷歌、时任首席执行官的埃里克·施密特决定免费提供安卓。他们的目标是打造一个支配的移动平台，通过其在智能手机和之后的平板电脑上的广告来获得收入。[2] 这个战略很快获得了效果。2014 年，安卓的市场份额达到 80%，是苹果 iOS 份额的 5 倍还要多，谷歌的市值攀升到近 4000 亿美元。[3]

马克·扎克伯格：在最优良的传统中的平台思维

马克·扎克伯格选择了一条与比尔·盖茨高度相似的路径。连盖茨都说："我们两个都是从哈佛辍学，对于软件能做的事情都有强烈的、固执的观点……我更像是一个程序员……但是你知道，这没有什么太大的区别。”[4] 也许盖茨应该补充说，两个人都是在 20 多岁或者 30 出头就通过建立指数增长的产业平台成了亿万富翁。扎克伯格在 2004 年为哈佛的学生推出脸谱网作为社交网站。之后将其扩展到更多的大学，然后是中学，最终到更广泛的人群。2007 年 5 月的一个里程碑，是当时扎克伯格宣布建立脸谱网平台。这是一套软件工具，可以使外部开发者使用脸谱网的数据创造应用，比如允许用户分享照片与玩游戏的应用。扎克伯格对于整个平台一开始就雄心勃勃：在那个时候，他告诉一位采访人：“我们将脸谱网做成一种类似于操作系统的东西，这样你就能运行全部的应用了。”[5]

这个举措将脸谱网从一个小众现象变为一个全球连锁，有着快速增长的用户群体与合作伙伴、广告商和应用开发者的生态系统。这个平台战略使得脸谱网与聚友网（MySpace）、Friendster 这些老对手有所不同。脸谱网的平台在 2007 年推出时，聚友网的用户与脸谱网的用户分别是 1 亿和 2500 万。几年之内，脸谱网成为毫无争议的胜者。聚友网在 2014 年有 5000 万用户，脸谱网用户连续增长到 13 亿，每天至少有 2000 万应用安装在脸谱网上，700 万应用和网站整合进入平台。[6] 扎克伯格也采取了大胆的、昂贵而有争议的行动来扩展脸谱网平台。2012 年，他在分享照片的照片墙（Instagram）平台上投了 10 亿美元，之后他有了 3000 万用户。2014 年 10 月，他收购了智能手机信息传送公司 WhatsApp，支付价格非常高，大约 220 亿美元现金与股票（每个用户 37 美元）。

同年，他买下 Oculus，一家开发虚拟现实技术的小公司，支付 20 亿美元股票与现金。尽管支付了这么高的价格，脸谱网仍然是全世界最有价值的企业之一，2014 年末，价值大约 2000 亿美元。

杰夫·贝佐斯：极度关注细节、用户与平台

如果扎克伯格是跟随盖茨的脚步，杰夫·贝佐斯在许多方面则与史蒂夫·乔布斯很相似：他曾经重视提供良好的用户体验，程度惊人。他也展示出将一个又一个创新推入市场的能力，包括 Kindle 和亚马逊网络服务。他喜欢碾压竞争对手。贝佐斯是一个非常出色的远见家，他在 1994 年建立亚马逊，先于许多同行抓住了互联网的潜力。他也同样游走于大胆与鲁莽的边缘。就像 80 年代乔布斯在苹果那样，贝佐斯似乎经常要赌上公司，他在亚马逊早期引发了巨额的损失。到了 2014 年，因为贝佐斯大力投资于发展新事业，亚马逊还在承担运营损失。

贝佐斯与乔布斯不同的地方在于，他致力于平台思维。将亚马逊打造成一个平台而非商店一直是其战略的核心。亚马逊不仅允许竞争对手通过其网站进行销售，而且为他们提供配送与快递业务。另外，亚马逊网络服务发展成承载网络为基础应用的平台。随着亚马逊作为多面平台力量的增长，贝佐斯利用其规模与影响来摆布供应商，尤其是图书出版商，他们无力阻止他打压价格。贝佐斯使用无情的价格竞争，支撑他的是其亏损的意愿，以此来打击竞争者，比如鞋类零售商 Zappos.com。面对侵蚀的利润率，有些竞争者没有什么选择，只好接受亚马逊的收购报价。[7]

在执行他的战略时，贝佐斯使用有选择的细节关注作为重要的管理工具。一点也不奇怪的是，他认为定价是一个关键的经营杠杆。正如他在 2007 年解释的："我需要确保我们之间是竞争关系的事实，努力为我们的客户提供最低的价格。我认为这是高度杠杆化的，我从 1 级一直到 5 级全部参与。"[8] 更为广泛的是，而且与史蒂夫·乔布斯非常相似的是，贝佐斯聚焦于直接影响用户体验的所有事情上。[9] 之前的一个同事回忆道："杰夫想要参与到网络的每一个新的改变中，即使仅仅是改变标签的颜色。"[10] 一位亚马逊的工程师用更加添彩的方式说贝佐斯"把普通的控制狂弄得看起来像嗑药的嬉皮士一样"。[11] 这种方法似乎起作用了。在亚马逊的早期，许多观察者想要知道这个企业是否能生存下去，但是到了 2014 年末，它成了全世界最令人畏惧的零售商，市值大约 1500 亿美元。

马化腾：多重平台与网络效应

我们到现在为止评论过的首席执行官都是美国公民，他们的企业总部都在美国。但是伟大的战略不分国界，全世界的企业家遵循同样的法则创立了成功的企业。马化腾就是一个显著的例子。马化腾在深圳大学获得计算机科学学士学位，在 1998 年成立中国最大的互联网企业之一腾讯之前，他在一家电信企业从事互联网呼叫系统的工作。[12] 他和 4 位联合创始人通过研究先进经济体的互联网服务来"向前看"，在 1999 年提供免费的即时通信服务 QQ 来"向回推理"。ICQ 由一家以色列企业开发，1998 年被美国在线收购。QQ 基于此，在中国迅速走红。

马化腾将这项成功扩展到相关的市场中，吸收了像美国在线和雅虎这样的企业首创的创新，并将其延伸以更好地适应中国市场。腾讯得到海外风投的支持，并且在2004年于香港上市，腾讯投资于多个互联的网络平台，有着共同的界面和“免费增值”的商业模式，免费提供基础服务，在增强服务中收费。公司提供的服务包括微博、多人游戏、社交媒体、虚拟身份、电子支付、电商，以及最近的移动电话微信平台，这是QQ服务的延伸，在中国以及海外都可以使用。与英特尔一样，腾讯的战略是填补产品线中的所有空白，其全方位的服务使得竞争者难以找到攻击的机会。另外，马化腾的战略展现了对于技术与平台思想的深度理解。腾讯通过为单一的用户群提供补充性服务生成了强大的跨平台网络效应，通过提供从游戏到数码内容再到电子商务配送服务，主要在中国发展，也逐渐在中国以外创造了一个广阔的生态系统。公司也同样灵活发展，提供移动设备上的产品与服务，这在美国以外提供互联方面扮演了更大的角色。

多元化的战略给了腾讯非同寻常的广泛的收入基础。广告占有收入的不到10%，而在雅虎和谷歌占有80%~90%。包括游戏与第三方内容和应用在内的个人电脑上的增值服务占有销售的大部分。2014年，腾讯拥有8亿用户，市值高达1500亿美元。[13] 企业的成功使得占有10.5%股份的最大股东马化腾成为中国最为富有的企业家之一。

在 5 个法则之外

我们简要地分析了这一代首席执行官与企业家中最为耀眼的明星，发现他们与盖茨、格鲁夫和乔布斯如此之相似。不论他们是否有意识地研究了前辈在微软、英特尔和苹果任职期间的做法，抑或无意识地吸收了这些企业的经验教训，还是独立地选定相似的方法，他们都似乎在极大程度上依赖本书中的 5 条法则。如果分析正确的话，这预言了他们企业在未来会发展得很好。

但是，像很多经理人一样，与盖茨、格鲁夫和乔布斯的做法过于相似是错误的。三人作为个人与组织领导者都是不完美的，本书自始至终都在强调这一点。在前面的章节里，我们强调了他们有能力认识到自己的缺点，并且采取行动弥补这些缺陷。他们共同的一个优点就是愿意起用拥有他们所缺乏技能的高管，愿意向新领域的专家学习。尽管有这样高度的自知，盖茨、格鲁夫和乔布斯在预测企业未来——他们不再掌舵的未来——可能需要什么类型的领导时，仍然有些不足。所以，我们从这些战略大师那里学到的最后一课实际上是两点提醒："个人抓手"能够给你良好的基础，但是同时也可能限制你；作为你的"补充"的高管可能对你的成功至关重要，但是他们可能不是你领导力的"替补"。

抓手可能会限制你

前面我们已经进行了总结，盖茨、格鲁夫和乔布斯都有独特的兴趣和优点——盖茨对于软件的热情，格鲁夫对于严谨的热情，乔布斯对于设计的热情。这些热情不仅保证了他们对于微软、英特尔和苹果的贡献，同时也决定了他们各自企业的文化、能力和战略方向。在经济和商业不确定的时代，他们的个人抓手定义重点，避免组织脱离正途。然而，抓手也可能扮演不那么积极的角色。想一下这个比喻的起源：抓手也就是锚，避免船向新的方向移动。涨潮时，抛锚的船可能会被淹没，抛锚的舰队更容易受到袭击。

类似的事情发生在这三家公司，不应该是让人惊讶的事情。过去成功的良方在未来并不一定总能奏效。技术与市场不断变化，新的竞争者不断出现。用我们的同事多萝西·伦纳德的话来说，核心竞争力可能很容易变成盲区或者“核心僵固性”。[14] 比如，微软在 2014 年似乎仍然过分依赖于为其崛起提供动力的商业模式——销售与 DOS 和 Windows 反向与正向兼容的软件产品。即使在 90 年代，盖茨意识到投资于新设备与基于互联网的计算方法的重要性，但是他与高管团队在超越传统的有巨大利润的个人电脑软件方面进展缓慢。与之相似，格鲁夫和他在英特尔的继任者也发现极其难以超越一直是“1 号任务”的工作，即销售 x86 微处理器，主要是用于个人电脑和服务器。在苹果，乔布斯和其继任者证明了基本上无法超越他们对于苹果牢牢掌控的少数几个“热卖”的消费品。结果，苹果的平台战略的弱点已经将越来越多的智能手机与平板市场份额割让给了谷歌及其安卓合作伙伴等竞争对手。

在某种程度上，是每家企业最初的商业模式使其难以为继。今天微软还能开发什么样的软件才能获得比 Windows 和 Office 更大的利润呢？没有！但是靠销售打包软件而获得巨大利润率的日子似乎对于多数企业都一去不复返了，微软也是一样。微软也逐渐将其利润来源多元化，但是新的领导团队需要学会如何在低价（或者免费）软件以及新的定价与交付模式上赚钱，比如软件即服务和云计算。

哪种半导体产品能够比英特尔 x86 产生更大的利润？没有！然而，英特尔核心的个人电脑业务未来的增长也是有限的。智能手机和平板电脑的爆炸以及正在出现的“物联网”已经为中央处理器创造了一个大量的市场，它嵌入几乎每一个你能够想象到的设备之中。最终，在亿万个产品之中都将有微处理器。英特尔新的管理团队正在积极攫取这些新的细分市场，但是他们必须找到如何能够获得利润并能够和新的竞争者进行竞争的方法，比如英国的 ARM Holdings，它设计了绝大多数低价、低功率的微处理器，用于智能手机和其他可编程设备。

什么手机或者平板电脑能够比传统的 iPhone 和 iPad 提供更高的利润？没有！但是，随着苹果继续为新版的设备收取高价，而随之获得改善相对较小的，它的市场份额保持在低位。与此同时，安卓供应商，从韩国三星到中国的小米，加快了脚步，谷歌的移动广告收入增长。像 iWatch 这样的产品很有可能是苹果又一个主要的增长来源，但是，我们这次又没有看到苹果向多数智能手机用户开放其新的平台，而那些人依赖于谷歌的软件。

不仅是较低的收入前景使得微软、英特尔和苹果在灵活地转入新的市场与商业模式方面产生困难。这个业务的身份成为创新的刹车。在微软，保罗·马里兹向我们承认："公司并不是对于那些（新的移动）设备视而不见。只是我们总是相信自己的角色是做出能够贡献于个人电脑更大荣耀的东西。"[15] 这是引导微软使用相同操作系统的态度——受到广泛批评但是技术上创新的Windows 8——用于个人电脑以及智能手机和平板电脑。正如马里兹解释道：

我们中没有人身体中有消费者的骨头。这不是最终真正激励我们的东西。我们是系统软件人士……我们会为内部架构以及事物内部如何运转感到兴奋。尽管跟我们公开宣布的相反，但是我们的确不太在乎用户界面。那不是我们。而且正因为我们的技术嗜好，我们走得太远。我们试图太过勉强塞入我们当时不能交付的东西。所以，你知道，要么你制造的东西不能提供一个吸引人的体验，要么它就太昂贵了，或者两者都是。[16]

与此类似，英特尔专注于为Windows电脑使用的核心微处理器业务，这使得它很难转型到新的增长领域。正如魏德生指出的，因为格鲁夫决定"将企业的重点收窄到一小部分个人电脑业务上，公司持续发现在其增长所需的临近技术上缺乏技术深度"。[17] 格鲁夫在公司的战略会议上与外部讲话中提到在x86架构以外进行多元化发展，但是他从来没有对其投入同样程度的个人时间、精力和注意力。最重要的是，没有投入企业资源来获得这些新的业务。

在格鲁夫作为首席执行官的最后几年任期中，大卫·尤费和他谈了几次话，关于他不愿意承担风险的倾向。大卫在几次战略会议中发现，格鲁夫否定了一个又一个在通信相关领域的大胆举措的提议。弗兰克·吉尔经营这些业务，他激烈地争论说英特尔应该进入网络——在思科成为互联网重地之前。吉尔记得自己说“网络对于英特尔来说是完全具有互补性的……我认为有一天所有的个人电脑都会连接在一起”。但是，格鲁夫想要保持专注，甚至到了过分的地步。吉尔继续说：“我们的系统业务正在走向失败，我想要重新转向成为网络产品企业。为了做到这一点，需要买下企业和技术建立市场地位、认可度以及需要的能力。”从吉尔的角度看，英特尔正在错过一个巨大的机遇。然而，吉尔说，格鲁夫“不愿意进行任何能够快速地将我们变为严肃的网络公司的重要收购。他将我们限制为有机增长加上几个小型收购。逐渐地，他唯一的重点就是微处理器业务，建立内置英特尔处理器品牌”。卡尔·埃弗里特在吉尔之后负责英特尔的销售，他同样评论说很难说服格鲁夫转入新的方向。埃弗里特说：“他并不是不能改变，但是他很难移动到许多人放弃的新领域，即使他们是对的……如果我从外部看 2013 年的英特尔……它与在 90 年代使用的是相同的模式。这种不灵活就像有格鲁夫的指纹烙印在上面。”[18]

相比而言，乔布斯在推动苹果发明新产品和进入新的市场方面做得要好得多。他的天分，可能也是他的诅咒，就是他从不向后看。乔布斯很快就会对上一个成功感到厌倦，这导致他会集中所有的精力和注意力在下一个极佳的机遇上。具有讽刺意味的是，这种有着预测产品的天分成为他看不到平台竞争与生态系统合作力量的部分原因。尽管麦金塔设计高端，当微软与英特尔将麦金塔电脑鄙视为电脑行业的小银器时，乔布斯坐在前排。然而他抵制开发更为开放的平台，尽管那可能使得谷歌和安卓对 iPhone 和 iPad 做同样的事情更加困难。

当然，结论仍然是开放的。苹果品牌优秀，有着忠实的客户群，大生态系统的应用开发者和服务提供商，这使得公司占据强有力的地位。苹果的历史战略在过去 10 年同样产生了巨大的回报。但是，如果乔布斯的继任者没有在平台战略与产品战略中达到一个平衡的话，来自安卓的竞争可能对苹果的未来产生长期严重的威胁。比如，想象一下，如果苹果将 iWatch 和 Apple Pay 设计的与所有智能手机都兼容，而不仅仅是与 iPhone 兼容，未来将有多么大的不同？

互补不是替代

说到最后一项挑战——为组织准备继任者。作为首席执行官，盖茨、格鲁夫和乔布斯每个人都聘用了有着不同个性与技能的合作伙伴来与自己互补，帮助运营企业。每一位首席执行官都选择一个关键的合作伙伴作为继任者。他们在当时似乎没有意识到，但是在回顾过去时，就变得很明显了，互补不是替代。盖茨、格鲁夫和乔布斯都更看重忠诚而非业务素质。在选择继任者时，他们都没有像选择竞争战略和商业伙伴那样运用残酷的逻辑与超然。

最后一条评论对于强大的领导——还有他们的董事局成员——在委任继任者时的考量至关重要。史蒂夫·鲍尔默对于比尔·盖茨而言是完美的互补。他专注于人与客户，而盖茨专注于技术与战略。克瑞格·贝瑞特是安迪·格鲁夫的完美的互补。他管理生产与运营，而格鲁夫推动战略、营销与销售。蒂姆·库克是史蒂夫·乔布斯完美的互补。他负责供应链、运营和销售，而乔布斯监督产品与营销。

鲍尔默、贝瑞特和库克对于盖茨、格鲁夫和乔布斯享有的成功而言非常必要。然而，鲍尔默、贝瑞特和库克在代替我们这三位首席执行官时，似乎是在攀登蜀道。盖茨、格鲁夫和乔布斯致力于有机增长和创新来推动绩效。而鲍尔默和贝瑞特拼命地在他们所继承的企业打上他们特有的烙印，这通常是进行几乎不太起作用的昂贵的收购。在任职早期，克瑞格·贝瑞特在互联网大繁荣中花费了 120 亿美元狂乱购买，结果证明完全是销账。史蒂夫·鲍尔默花费 200 亿美元进行收购，包括 70 亿美元对于诺基亚的“万福玛丽亚”的收购，以拯救 Windows 智能手机业务。甚至连蒂姆·库克也试图通过苹果历史上最为昂贵的收购开辟一条新的路径，2014 年花费 30 亿美元收购耳机制造商 Beats。

或许没有人能够代替三位首席执行官这样风范的领导。但是盖茨、格鲁夫和乔布斯不需要委任忠诚的副官来继任他们。他们本可以寻找更加了解下一代技术、消费者和竞争者的新领导，或者鼓励一个更加有竞争性的继任流程。无论如何，选择继任者不应该看是否对于团队忠诚或者过去做事情的方法是什么。应该是培训或者选择展现出学习新东西的能力，必要时与过去决裂，倡导我们还想象不出的产品、服务和平台的继任者。

比如雷金纳德·琼斯和李世同是七八十年代通用电气和花旗

银行传奇式的首席执行官，他们避免了这个陷阱。他们对于继任问题的解决方案就是进行看得见的“赛马”，给予许多高管机会，来展示如果他们成为下一个领导将会做什么。[19] 最终的决定不是看忠诚，两匹黑马杰克·韦尔奇和约翰·里德在竞争中脱颖而出。有时，企业可以再进一步：2013 年，微软和英特尔的董事局进行了内部和外部的寻找，没有首席执行官的介入。在这两个情形中，董事局成员——而不是现任首席执行官——做出最终的决定。但是，坦白地讲，在替换一个传奇式的首席执行官时，董事局成员控制继任流程是极为困难的。享有像我们这三位首席执行官一样的全球盛誉和历史性成就的领导通常会行其所好。

比尔·盖茨，安迪·格鲁夫和史蒂夫·乔布斯作为第一代高科技超级巨星首席执行官铺设了不凡的道路。我们有很多可以向他们学习的地方。他们设立了战略方向，建立了深厚的组织能力，正如我们所看到的，在他们卸任首席执行官很久以后，这些仍在持续为微软、英特尔和苹果产生可观的回报。但是，斗转星移，在某些时候，继任者需要依靠自己的力量成为脑洞大开的战略家。微软、英特尔和苹果的新领导需要找到自己前进的路径。他们需要在他们的个人抓手周围重塑这些强大的组织，领导他们的企业进入又一个不确定的未来——通过新世代的技术、客户与商业模式。或许，创造新一套规则，并且超越最初的战略家是盖茨、格鲁夫和乔布斯为下一任留下的最大的挑战。

注 释

序 言

1. Bill Gates quote at http://www.strategicbusinessteam.com/famous-small-business-quotes/famous-bill-gates-quotes-some-famous-business-quotes-from-one-of-the-worlds-richest-billionaires-part-1/, accessed July 27, 2014.

前 言

1. See Robert A. Burgelman and Andrew S. Grove, *Strategic Dynamics: Concepts and Cases* (Boston: McGraw-Hill, 2006), 58.
2. Tom Mainelli, "Worldwide and U.S. Media Tablet 2012–2016 Forecast," IDC Research, April 2012, 1–2, accessed November 10, 2013, http://www.idc.com.
3. David B. Yoffie and Penelope Rossano, "Apple Inc. in 2012," Harvard Business School Case No. 712-490, May, 2012, 8, 23. (Revised August 2012.) Original source was Gabriel Madway, "Windows 7 Release May Test Apple's Winning Streak," Reuters, October 14, 2009, via Factiva.
4. See Charles H. Fine, *Clockspeed: Winning Industry Control in the Age of Temporary Advantage* (Reading, MA: Perseus, 1998).
5. As one measure of Intel's growing brand awareness, the number of hits on "Intel" in a Lexis-Nexis search increases from 161 for 1986 to 3,923 for 1998.
6. Stephen Manes and Paul Andrews, *Gates: How Microsoft's Mogul Reinvented an Industry—and Made Himself the Richest Man in America* (New York: Doubleday, 1993), 174.
7. Ibid., 306–7; James Wallace and Jim Erickson, *Hard Drive: Bill Gates and the Making of the Microsoft Empire* (New York: John Wiley & Sons, 1992), 330.
8. Manes and Andrews, *Gates*, 347.

9. Michael A. Cusumano, "The Legacy of Bill Gates," *Communications of the ACM* 52, no. 1 (January 2009): 25–26.
10. Walter Isaacson, *Steve Jobs* (New York: Simon & Schuster, 2011), 6, 16–17.
11. Ibid., 474.
12. Ibid., 498.
13. Richard S. Tedlow, *Andy Grove: The Life and Times of an American* (New York: Portfolio/Penguin, 2006), 136–37.
14. Isaacson, *Steve Jobs*, 373–74.
15. Steve Jobs frequently criticized the quality and lack of "taste" in Microsoft's products. See, for example, his statements in the documentary *The Triumph of the Nerds: The Rise of Accidental Empires*, PBS, June 1996.
16. Paul Allen, *Idea Man: A Memoir by the Cofounder of Microsoft* (New York: Portfolio/Penguin, 2012), 114.
17. Michael A. Cusumano and Richard W. Selby, *Microsoft Secrets: How the World's Most Powerful Software Company Creates Technology, Shapes Markets, and Manages People* (New York: Free Press/Simon & Schuster, 1995), 10.
18. Quoted in Claudine Beaumont, "Bill Gates's Dream: A Computer in Every Home," *Telegraph* (online), June 27, 2008, accessed January 2, 2013, http://www.telegraph.co.uk/technology/3357701/Bill-Gatess-dream-A-computer-in-every-home.html.
19. Isaacson, *Steve Jobs*, 94.
20. "Intel Corporation History," FundingUniverse, accessed March 9, 2014, http://www.fundinguniverse.com/company-histories/intel-corporation-history.
21. Jeff Goodell, "Bill Gates: The Rolling Stone Interview," *Rolling Stone*, March 13, 2014, 76.
22. Andrew S. Grove, *Only the Paranoid Survive: How to Exploit the Crisis Points That Challenge Every Company and Career* (New York: Currency Doubleday, 1996), 162.
23. Joanna Hoffman, quoted in Isaacson, *Steve Jobs*, 121.
24. Renée James, interview with the authors, October 9, 2013.
25. Steve Jobs, "The Lost Interview," Amazon, accessed November 2, 2013, http://www.amazon.com/Steve-Jobs-The-Lost-Interview/dp/B008GJVAW4.
26. Bill Gates, *Business @ the Speed of Thought: Using a Digital Nervous System* (New York: Warner Books, 1999), 182.

第一章　向前看，向回推理

1. Intel documents, Intel Strategic Long Range Plan, June 1991 (with permission).
2. Steve Jobs, "Apple's One-Dollar-a-Year Man," *Fortune*, January 24, 2000, accessed May 27, 2014, http://money.cnn.com/magazines/fortune/fortune_archive/2000/01/24/272277/index.htm.
3. "Playboy Interview: Bill Gates," *Playboy*, July 1994, 63.
4. See Edgar H. Schein, *DEC Is Dead, Long Live DEC: The Lasting Legacy of Digital Equipment Corporation* (San Francisco: Berrett-Koehler, 2003), 38.
5. Paul Maritz, interview with the authors, October 7, 2013.
6. Russell Siegelman, interview with the authors, October 9, 2013.
7. "Steve Jobs Introduces the 'Digital Hub Strategy' at Macworld 2001," January 9, 2001, accessed August 8, 2013, https://www.youtube.com/watch?v=9046oXrm7f8.
8. Jon Rubinstein, interview with the authors, October 11, 2013.
9. Ron Johnson, interview with the authors, October 10, 2013.
10. Andy Grove, SLRP presentation, March 30, 1990.
11. Ibid.
12. "In Focus: Lou Gerstner," CNN.com, July 2, 2004, accessed September 20, 2013, http://edition.cnn.com/2004/BUSINESS/07/02/gerstner.interview.
13. Andy Grove, SLRP presentation, March 30, 1990.
14. Andy Grove, SLRP presentation, 1991.
15. Quoted in Jay Greene, "Microsoft's Big Bet," *BusinessWeek*, October 30, 2000, 152.
16. Quoted in Adam Lashinsky, "How Apple Works: Inside the World's Biggest Startup," *CNNMoney*, August 25, 2011, accessed January 24, 2013, http://tech.fortune.cnn.com/2011/08/25/how-apple-works-inside-the-worlds-biggest-startup.
17. Peter Burrows and Ronald Grover, "Steve Jobs' Magic Kingdom," *Bloomberg Businessweek*, February 5, 2006, accessed January 22, 2013, http://www.businessweek.com/stories/2006-02-05/steve-jobs-magic-kingdom.
18. Fred Anderson, interview with the authors, October 9, 2013, and Avie Tevanian, interview with the authors, October 9, 2013; Jon Rubinstein, interview with the authors, October 11, 2013.
19. Fred Anderson, interview with the authors, October 9, 2013.

20. Quoted in Burrows and Grover, "Steve Jobs' Magic Kingdom."
21. Leander Kahney, *Inside Steve's Brain* (New York: Portfolio, 2008), 31.
22. Quoted in Burrows and Grover, "Steve Jobs' Magic Kingdom."
23. Bo Burlingham and George Gendron, "The Entrepreneur of the Decade: An Interview with Steve Jobs," *Inc.*, April 1, 1989, accessed October 9, 2013, http://www.inc.com/magazine/19890401/5602.html/5.
24. Michael A. Cusumano and Richard W. Selby, *Microsoft Secrets: How the World's Most Powerful Software Company Creates Technology, Shapes Markets, and Manages People* (New York: Free Press/Simon & Schuster, 1995), 130–45.
25. Walter Isaacson, *Steve Jobs* (New York: Simon & Shuster, 2011), 567.
26. Fred Anderson, interview with the authors, October 9, 2013.
27. Isaacson, *Steve Jobs*, 97ff.
28. Quoted in Kahney, *Inside Steve's Brain*, 64.
29. Ibid., 65.
30. Fred Anderson, interview with the authors, October 9, 2013.
31. Dennis Carter, interview with the authors, November 11, 2013.
32. For a history of Windows versions, see Microsoft, "A History of Windows," accessed May 20, 2014, http://windows.microsoft.com/en-us/windows/history#T1=era0.
33. Ron Johnson, interview with the authors, October 10, 2013.
34. Ron Johnson, email correspondence with the authors, March 3, 2014.
35. On ProShare see Richard S. Tedlow, *Andy Grove: The Life and Times of an American* (New York: Portfolio, 2006), 357–64.
36. Pat Gelsinger, interview with the authors, October 7, 2013.
37. Avie Tevanian, interview with the authors, October 8, 2013.
38. Ibid.
39. Jon Rubinstein, interview with the authors, October 11, 2013.
40. Les Vadasz, interview with the authors, October 7, 2013.
41. Bill Gates, quoted at the Computer History Museum, October 1, 2004, accessed May 27, 2014, http://www.infoworld.com/t/platforms/gates-undaunted-linux-769.
42. Andrew S. Grove, *Only the Paranoid Survive: How to Exploit the Crisis Points That Challenge Every Company and Career* (New York: Currency Doubleday, 1996), 3.
43. Andrew S. Grove, *High Output Management* (New York: Random House, 1983), 109.
44. Andy Grove, SLRP presentation, 1991.
45. Kahney, *Inside Steve's Brain*, 55.

46. Tarun Khanna, David B. Yoffie and Israel Yellen Ganot, "Microsoft, 1995," Harvard Business School Case No. 795-147, April 1995, 14.
47. Bill Gates, "Netscape," Microsoft internal memo, May 19, 1996, *United States v. Microsoft Corporation* (Civil Action No. 98-1232), Government Exhibit 41, accessed April 9, 2013, http://www.justice.gov/atr/cases/exhibits/41.pdf.
48. Bill Gates, "As Promised: OEM Pricing Thoughts," Microsoft internal memo, December 17, 1997, *United States v. Microsoft Corporation* (Civil Action No. 98-1232), Government Exhibit 61, accessed March 20, 2013, http://www.justice.gov/atr/cases/exhibits/61.pdf.
49. Bruce D. Henderson, *Henderson on Corporate Strategy* (Cambridge, MA: Abt Books, 1979), 10–11.
50. Andy Grove's SLRP presentation, 1993.
51. "Playboy Interview: Bill Gates," *Playboy*, July 1994, 64.
52. Cusumano and Selby, *Microsoft Secrets*, 164–65.
53. Our thanks to Jeremy Bulow of Stanford Business School for this example.
54. Isaacson, *Steve Jobs*, 409.
55. Grove, *Only the Paranoid Survive*, 30.
56. Ibid., 35.
57. Andy Grove, SLRP presentation, 1997.
58. Bill Gates, "Internet Tidal Wave," Microsoft internal memo, May 26, 1995, *United States v. Microsoft Corporation* (Civil Action No. 98-1232), Government Exhibit 20, accessed April 4, 2013, http://www.justice.gov/atr/cases/exhibits/20.pdf.
59. Grove, *Only the Paranoid Survive*, 113–14.
60. Russell Siegelman, interview with the authors, October 9, 2013.
61. For the browser competition, see Michael A. Cusumano and David B. Yoffie, *Competing on Internet Time: Lessons from Netscape and Its Battle with Microsoft* (New York: Free Press/Simon & Schuster, 1998).
62. Jon Shirley, interview with David Yoffie, January 29, 1991.
63. Walter Mossberg, "Apple's Mobile Me Is Far Too Flawed to Be Reliable," *Wall Street Journal*, July 24, 2008.

第二章　下大赌注，但是不要赌上公司

1. Merriam-Webster dictionary online, accessed March 25, 2013, http://www.merriam-webster.com/dictionary/bold.
2. Quoted in Robert A. Burgelman, *Strategy Is Destiny: How Strategy-*

Making Shapes a Company's Future (New York: Free Press/Simon & Schuster, 2002), 137.

3. Quoted in Alan Deutschman, *The Second Coming of Steve Jobs* (New York: Broadway Books, 2000), 298.
4. Owen W. Linzmayer, *Apple Confidential 2.0: The Definitive History of the World's Most Colorful Company* (San Francisco: No Start Press, 2004), 75.
5. Walter Isaacson, *Steve Jobs* (New York: Simon & Schuster, 2011), 97.
6. Jeffrey S. Young and William L. Simon, *iCon: Steve Jobs, the Greatest Second Act in the History of Business* (Hoboken, NJ: John Wiley & Sons), 62.
7. David B. Yoffie, "Apple Computer 1997," Harvard Business School Case No. 9-797-098 (Boston: Harvard Business School Publishing, 1997), 4.
8. Wintel was the common acronym for computers with a Windows operating system and an Intel chip.
9. David B. Yoffie and Michael Slind, "Apple Computer, 2006," HBS Case No. 706-496 (Boston: Harvard Business School Publishing, 2007), 16.
10. Phillip Michaels, "Survey: Intel Transition May Cool Mac Sales," *Macworld*, June 21, 2005, accessed April 3, 2014, http://www.macworld.com/article/1045413/readersurvey.html.
11. Peter Burrows, "Apple Hits the Intel Switch," *Bloomberg Businessweek*, June 6, 2005, accessed February 4, 2013, http://www.businessweek.com/stories/2005-06-06/apple-hits-the-intel-switch.
12. Stephen Shankland, "Apple to Ditch IBM, Switch to Intel Chips," *CNET News*, June 3, 2005, accessed April 3, 2014, http://news.cnet.com/Apple-to-ditch-IBM,-switch-to-Intel-chips/2100-1006_3-5731398.html.
13. Fred Anderson, interview with the authors, October 8, 2013.
14. "Macbook," *Wikipedia*, accessed April 12, 2014, http://en.wikipedia.org/wiki/MacBook.
15. David B. Yoffie and Penelope Rosanno, "Apple Inc, 2012," HBS Case No. 712-490 (Boston: Harvard Business School Publishing, 2012), 19.
16. Ron Johnson, interview with the authors, October 9, 2013.
17. Jon Rubinstein, interview with the authors, October 11, 2013.
18. Paul Maritz, interview with the authors, October 7, 2013.
19. Interview with Bill Gates, "Gates & Grove: Mr. Software and Mr. Hardware Brainstorm Computing's Future," *Fortune*, July 8, 1996.
20. Ibid.

21. Paul Maritz, interview with the authors, October 7, 2013.
22. Russ Siegelman, email correspondence with the authors, March 25, 2014.
23. Ibid.
24. Stephen Manes and Paul Andrews, *Gates: How Microsoft's Mogul Reinvented an Industry—and Made Himself the Richest Man in America* (New York: Doubleday, 1993), 406, 418.
25. Paul Maritz, interview with the authors, October 7, 2013.
26. Ramon Casadesus-Masanell, David Yoffie, and Sasha Mattu, "Intel Corporation: 1968–2003," HBS Case No. 703-427 (Boston: Harvard Business School Publishing, 2002), 5.
27. Ibid., 6.
28. Tom Dunlap, email correspondence with the authors, December 19, 2013.
29. Ibid.
30. Andrew S. Grove, *Only the Paranoid Survive: How to Exploit the Crisis Points That Challenge Every Company and Career* (New York: Currency Doubleday, 1996), 70.
31. Casadesus-Masanell, Yoffie, and Mattu, "Intel Corporation: 1968–2003," 6.
32. Quoted in Kathleen Wiegner, "The Empire Strikes Back," *Upside*, June 1992, 34.
33. Senior IBM executive, interview with David Yoffie, 1990.
34. Andy Grove, telephone interview with the authors, March 25, 2014.
35. Frank Gill, interview with the authors, October 15, 2013.
36. "The Intel 80386 Case," video, the Computer Museum, accessed October 18, 2013, https://www.youtube.com/watch?v=XFgFWdxHILc.
37. "Andy Grove Quotes," Thinkexist.com, accessed March 27, 2013, http://thinkexist.com/quotes/andy_grove/.
38. CNNMoney/Fortune, November 9, 1998, quoted in "The Top 20 Most Inspiring Steve Jobs Quotes," TNW, accessed July 2, 2014, http://thenextweb.com/apple/2011/09/20/the-top-20-most-inspiring-steve-jobs-quotes/.
39. Jon Rubinstein, interview with the authors, October 11, 2013.
40. Andy Hertzfeld, *Revolution in the Valley: The Insanely Great Story of How the Mac Was Made* (Sebastopol, CA: O'Reilly Media, 2005), 19–20. Also recounted in Isaacson, *Steve Jobs*, 114.
41. Michael S. Malone, *Infinite Loop: How the World's Most Insanely Great Computer Company Went Insane* (New York: Doubleday, 1999), 250.

42. Owen W. Linzmayer, *Apple Confidential 2.0: The Definitive History of the World's Most Colorful Company* (San Francisco: No Starch Press, 2004), 17, 23.
43. Jim Carlton, *Apple: The Inside Story of Intrigue, Egomania, and Business Blunders* (New York: Random House, 1997), 13–14.
44. Linzmayer, *Apple Confidential,* 98.
45. Ibid, 31.
46. Jon Rubinstein, interview with the authors, October 11, 2013.
47. Steven Levy, *The Perfect Thing* (New York: Simon & Schuster, 2006), 220–21.
48. Owen Thomas, "Why Apple Chose Intel," CNNMoney.com, July 22, 2005, accessed February 4, 2013, http://money.cnn.com/2005/07/22/technology/techinvestor/tech_biz/.
49. Laurie J. Flynn and Vikas Bajaj, "Apple Moves Quickly to Use Intel Chips," *New York Times*, January 10, 2006.
50. David B. Yoffie and Michael Slind, "Apple Inc., 2008," HBS Case No. 708-480 (Boston: Harvard Business School Publishing, 2008), 17.
51. Jon Shirley, former president of Microsoft, interview with David Yoffie, January 29, 1991.
52. Bill Gates talk for the Boston Computer Society, October 18, 1993, quoted in Michael Cusumano and Richard W. Selby, *Microsoft Secrets: How the World's Most Powerful Software Company Creates Technology, Shapes Markets, and Manages People* (New York: Free Press/Simon & Schuster, 1995), 142.
53. Jon Shirley, interview with David Yoffie, January 29, 1991.
54. Data on Intel CPU sales can be found in Dan Steere and Robert Burgelman, "Intel Corporation (D): Microprocessors at the Crossroads," Graduate School of Business, Stanford University, BP-256D, 30–31.
55. Stephen Elop, "Burning Platform," memo, accessed June 5, 2014, http://blogs.wsj.com/tech-europe/2011/02/09/full-text-nokia-ceo-stephen-elops-burning-platform-memo/.
56. Isaacson, *Steve Jobs*, 408.
57. Cusumano and Selby, *Microsoft Secrets*, 146.
58. Donna Dubinsky, personal communication with the authors, October 21, 2013. Dubinsky played a variety of roles at Apple, including running distribution, in the early 1980s and later became CEO of Palm and one of the founders of Handspring.
59. Jon Rubinstein, interview with the authors, October 11, 2013.

60. Ibid.
61. See Isaacson, *Steve Jobs*, 465.
62. Adam Lashinsky, *Inside Apple: How America's Most Admired—and Secretive—Company Really Works* (New York: Business Plus, 2012), 3–4.
63. Steve Jobs "Keynote Address," *Macworld*, January 9, 2007, accessed March 15, 2013, http://www.youtube.com/watch?v=s72uTrA5EDY.
64. See Owen Thomas, "Why Apple Cannibalized the iPod," *Business Insider*, October 27, 2012, accessed March 8, 2013, http://www.businessinsider.com/apple-ipod-cannibalization-2012-10.
65. Isaacson, *Steve Jobs*, 498.
66. Erick Schonfeld, "Apple's Tim Cook: The iPad Is Cannibalizing Some Mac Sales, There Are 'A Lot More Windows PCs to Cannibalize than Macs,'" *TechCrunch*, July 19, 2011, accessed March 5, 2013, http://techcrunch.com/2011/07/19/ipad-cannibalizing-pc.
67. Ibid.
68. Paul Otellini, interview with David Yoffie, January 13, 2000.
69. Grove, *Only the Paranoid Survive*, 18–19.
70. Andy Grove, discussion on September 6, 2013.
71. Conversation between Harold Hughes, Intel CFO, and David Yoffie.
72. "Compaq to Drop Intel Inside Logo from Its PC Range," *PC User*, September 21, 1994.
73. Grove, *Only the Paranoid Survive*, 93.
74. These were the words used by Russell Siegelman to describe Bill Gates, in an interview with the authors, October 9, 2013. Renée James, Andy Grove's technical assistant in the mid-1990s, used the same words in an interview with the authors, October 9, 2013.
75. Grove, *Only the Paranoid Survive*, 14.
76. See, for example, *New York Times*, December 21, 1994, B8.
77. David B. Yoffie, "Microsoft Goes Online: MSN 1996," HBS Case No. 9-798-019 (Boston: Harvard Business School Publishing, 1997), 1.
78. Ibid., 10.
79. Ibid., 1.
80. Russell Siegelman, interview with the authors, October 9, 2013.
81. "Usage Share of Browsers," *Wikipedia*, accessed February 10, 2014, http://en.wikipedia.org/wiki/Usage_share_of_web_browsers#WebSideStory_.28USA.2C_1999-02_to_2006.E2.80.9306.29.
82. Steven Levy, "Apple Computer Is Dead; Long Live Apple," *Newsweek*, January 9, 2007, accessed June 21, 2013, http://www.newsweek.com/steven-levy-apple-computer-dead-long-live-apple-98429.

83. Michael Arrington, "iPhone App Store Has Launched," *TechCrunch*, July 10, 2008, accessed November 8, 2013, http://techcrunch.com/2008/07/10/app-store-launches-upgrade-itunes-now/; "App Store (iOS)," *Wikipedia*, accessed November 8, 2013, http://en.wikipedia.org/wiki/App_Store_(iOS).
84. Renée James, interview with the authors, October 9, 2013.
85. Avie Tevanian, interview with the authors, October 8, 2013.

第三章　打造平台和生态系统，而不仅仅是产品

1. See Annabelle Gawer and Michael A. Cusumano, *Platform Leadership: How Intel, Microsoft, and Cisco Drive Industry Innovation* (Boston: Harvard Business School Press, 2002); and Michael A. Cusumano and Annabelle Gawer, "The Elements of Platform Leadership," *MIT Sloan Management Review* 43, no. 3 (Spring 2002): 51–58.
2. Thomas Eisenmann, Geoffrey Parker, and Marshall W. Van Alstyne, "Strategies for Two-Sided Markets," *Harvard Business Review* 84, no. 10 (2006): 92–101; and Michael A. Cusumano, *Staying Power: Six Enduring Principles for Managing Strategy and Innovation in a Changing World* (Oxford: Oxford University Press, 2010), 54–55.
3. John Donne, "Meditation XVII," accessed September 3, 2013, http://www.poemhunter.com/poem/no-man-is-an-island/.
4. Interview with Bill Gates, 1994, cited in Tarun Khanna and David Yoffie, "Microsoft, 1995," Harvard Business School Case No. 795-147 (Boston: Harvard Business School Publishing, 1995), 1.
5. Michael J. Miller, "The Rise of DOS: How Microsoft Got the IBM PC OS Contract," PCMag.com, August 10, 2011, accessed September 10, 2013, http://forwardthinking.pcmag.com/software/286148-the-rise-of-dos-how-microsoft-got-the-ibm-pc-os-contract.
6. Stephen Manes and Paul Andrews, *Gates: How Microsoft's Mogul Reinvented an Industry—and Made Himself the Richest Man in America* (New York: Doubleday, 1993), 162–63.
7. Manes and Andrews, *Gates*, pp. 203–4.
8. Moore quoted in Robert A. Burgelman, *Strategy Is Destiny: How Strategy-Making Shapes a Company's Future* (New York: Free Press, 2002), 108.
9. Quoted in Richard S. Tedlow, *Andy Grove: The Life and Times of an American* (New York: Portfolio, 2006), 269.
10. Ibid.

11. Pat Gelsinger, interview with the authors, October 7, 2013.
12. Frank Gill, interview with the authors, October 15, 2013.
13. Andrew S. Grove, *Only the Paranoid Survive: How to Exploit the Crisis Points That Challenge Every Company and Career* (New York: Currency Doubleday, 1996), 106.
14. Walter Isaacson, *Steve Jobs* (New York: Simon & Schuster, 2011), 381.
15. Ibid, 568.
16. Our thanks to Intuit founder Scott Cook for pointing out Jobs's early dependence on platforms.
17. Isaacson, *Steve Jobs*, 404.
18. "iPod Sales Chart," *Wikipedia,* accessed March 30, 2014, http://en.wikipedia.org/wiki/File:Ipod_sales_per_quarter.svg; data comes from Apple press releases.
19. Fred Anderson, interview with the authors, October 8, 2013.
20. Isaacson, *Steve Jobs*, 405.
21. Jon Rubinstein, interview with the authors, October 11, 2013.
22. Quoted in Isaacson, *Steve Jobs*, 406.
23. Leander Kahney, *Inside Steve's Brain* (New York: Portfolio, 2008), 200.
24. For iPod sales to 2007 see David Carr, "Steve Jobs: iCame, iSaw, iCaved," *New York Times,* September 10, 2007, C1. Bank of America Securities estimated the Mac installed base at 22 million in March 2007; see Slash Lane, "Mac Install Base Estimated at 22 Million pre-Leopard," *Apple Insider,* March 2, 2007, accessed March 1, 2013, http://appleinsider.com/article/?id=2541.
25. See Annabelle Gawer and Michael A. Cusumano, "How Companies Become Platform Leaders," *MIT Sloan Management Review* 49, no. 2 (2008): 28–35; and also Cusumano, *Staying Power*, 22–68.
26. Isaacson, *Steve Jobs,* 502.
27. Bill Gates presentation in Burden Hall, Harvard Business School, November 19, 1991, video, accessed July 25, 2014, http://video.hbs.edu/videotools/play?clip=billgate.
28. David Johnson, quoted in Cusumano and Gawer, "The Elements of Platform Leadership," 51.
29. Jobs Keynote Address, Macworld Boston, August 1997, accessed June 12, 2013, http://www.youtube.com/watch?v=WxOp5mBY9IY.
30. Andy Grove, interview with David Yoffie, Spring 2003.
31. Gawer and Cusumano, *Platform Leadership*, 22.
32. Ibid., 23.
33. Grove, quoted in ibid., 32.

34. Ibid., 33.
35. Ibid., 41–42.
36. Renée James, interview with the authors, October 9, 2013.
37. Gawer and Cusumano, *Platform Leadership*, 149–51.
38. Jim Manzi, interview with David Yoffie, 1990.
39. D. Clark, "Microsoft Will Keep Making Products for Apple's Macintosh, Gates Pledges," *Wall Street Journal*, March 22, 1995, B6.
40. For the settlement, see *United States v. Microsoft* (Civil Action No. 98-1232), Modified Final Judgment, September 7, 2006, accessed August 4, 2013, http://www.justice.gov/atr/cases/f218300/218339.htm. For examples of earlier complaints about unfair advantages for Microsoft applications development, see Michael A. Cusumano and Richard W. Selby, *Microsoft Secrets: How the World's Most Powerful Software Company Creates Technology, Shapes Markets, and Manages People* (New York: Free Press/Simon & Schuster, 1995), 168–69, and Manes and Andrews, *Gates*, 349–50.
41. Grove, interview with the author, quoted in Gawer and Cusumano, *Platform Leadership*, 120.
42. Frank Gill, interview with the authors, October 15, 2013.
43. Ibid.
44. Manes and Andrews, *Gates*, 433.
45. Daniel Ichbiah and Susan L. Knepper, *The Making of Microsoft* (Rocklin, CA: Prima, 1991), 101–3, 108–18.
46. Calculated from Microsoft 10K report, 2013.
47. Bill Gates, "Internet Tidal Wave," Microsoft internal memo, May 26, 1995, *United States v. Microsoft Corporation* (Civil Action No. 98-1232), Government Exhibit 20, accessed April 4, 2013, http://www.justice.gov/atr/cases/exhibits/20.pdf.
48. See Michael A. Cusumano, "The Platform Leader's Dilemma," *Communications of the ACM* 54, no. 10 (2011): 21–24. This dilemma is similar to that described for product strategy in Clayton Christensen, *The Innovator's Dilemma: When New Technologies Cause Great Firms to Fail* (Boston: Harvard Business School Press, 1996).
49. Jobs quoted in Isaacson, *Steve Jobs*, 349.
50. David B. Yoffie, "Wintel (B): From NSP to MMX," HBS Case No. 704-420 (Boston: Harvard Business School Publishing, 2003), 1–2.
51. Pat Gelsinger, interview with the authors, October 7, 2013.
52. John C. Dvorak, "How the Itanium Killed the Computer Industry," *PC*, January 26, 2009, accessed June 23, 2014, http://www.pcmag.com/article.aspx/curl/2339629.

53. Quoted in Tedlow, *Andy Grove,* 315.
54. Robert A. Burgelman, *Strategy Is Destiny* (New York: Free Press/ Simon & Schuster, 2002), 236.
55. Bill Gates, *Business @ the Speed of Thought: Using a Digital Nervous System* (New York: Warner Books, 1999), 174.
56. Bill Gates, "As Promised: OEM Pricing Thoughts," Microsoft internal memo, December 17, 1997, *United States v. Microsoft Corporation* (Civil Action No. 98-1232), Government Exhibit 61, accessed April 10, 2013, http://www.justice.gov/atr/cases/exhibits/61.pdf.
57. Paul Maritz, interview with the authors, October 7, 2013.
58. Avie Tevanian, interview with the authors, October 8, 2013.
59. Scott Mace, "Emulator Lets Apple II Programs Run on a Mac," *InfoWorld,* July 14, 1986, 13, accessed July 12, 2013, http://www.landsnail.com/ii-in-a-mac.htm.
60. Jon Rubinstein, interview with the authors, October 11, 2013 and Avie Tevanian, interview with the authors, October 8, 2013.
61. Jon Rubinstein, interview with the authors, October 11, 2013.

第四章 利用杠杆和权力——玩柔道和相扑

1. Arthur Rock, "Strategy vs. Tactics from a Venture Capitalist," *Harvard Business Review,* November–December 1987, 2.
2. Quoted in Michael Hogan, "Jack Welch Gives 'Em Hell at VF/ Bloomberg Panel," *Vanity Fair Online,* May 29, 2009, accessed September 10, 2013, http://www.vanityfair.com/online/daily/2009/05/ jack-welch-gives-em-hell-at-vfbloomberg-panel.
3. David B. Yoffie and Michael A. Cusumano, "Judo Strategy: The Competitive Dynamics of Internet Time," *Harvard Business Review,* January–February 1999, 71–81; and David B. Yoffie and Mary Kwak, *Judo Strategy: How to Turn Your Competitors' Strengths to Your Advantage* (Boston: Harvard Business School Press, 2001).
4. Jimmy Iovine, interview with the authors, October 23, 2013.
5. Drew Fudenberg and Jean Tirole, "The Fat-Cat Effect, the Puppy -Dog Ploy and the Lean and Hungry Look," *American Economic Review* 74, no. 2 (May 1984): 361–66.
6. Jon Rubinstein, interview with the authors, October 11, 2013.
7. Ibid.
8. Jimmy Iovine, interview with the authors, October 23, 2013.
9. Paul Freiberger and John Markoff, "Macintosh May Be for the

Masses," *Infoworld* 5, no. 29 (July 18, 1983): 35; John Markoff, "To Cut Online Chatter, Apple Goes to Court," *New York Times*, March 21, 2005, C1.

10. Quoted in Adam Lashinsky, *Inside Apple: How America's Most Admired—and Secretive—Company Really Works* (New York: Business Plus, 2012), 39.
11. Leander Kahney, *Inside Steve's Brain* (New York: Portfolio, 2008), 229.
12. Lashinsky, *Inside Apple*, 42.
13. Adam Satariano and Peter Burrows, "Apple's Supply-Chain Secret? Hoard Lasers," *Bloomberg Businessweek*, November 3, 2011, accessed November 9, 2012, http://www.businessweek.com/magazine/apples-suppplychain-secret-hoard-lasers-11032011. html.
14. Sun Tzu, *The Art of War,* translated by Samuel B. Griffith (Oxford: Oxford University Press, 1963), 66.
15. Brad Stone and Ashlee Vance, "Apple Obsessed with Secrecy on Products and Top Executives," *New York Times*, June 23, 2009.
16. See Walter Isaacson, *Steve Jobs* (New York: Simon & Schuster, 2011), 491.
17. Avie Tevanian, interview with the authors, October 8, 2013.
18. Jon Rubinstein, interview with the authors, October 11, 2013.
19. The patent, dated March 17, 2004, can be found at http://www. google . com/patents?id=6BsWAAAAEBAJ&printsec=abstract&zoom=4&dq=steve+jobs+tablet&source=gbs_summary_r&cad=0_0#v=onepage&q=stevepercent20jobspercent20tablet&f=false. See also Brian X. Chen, "Steve Jobs' 6 Sneakiest Statements," Wired.com, February 16, 2010, accessed April 30, 2013, http://www.wired.com/gadgetlab/2010/02/steve-jobs/.
20. Quoted in Kim Yoo-chul, "Samsung-Apple Tablet War to Define Industry Standard," *Korea Times*, October 21, 2010.
21. Tim Bradshaw, "Jobs Emails Show Apple Eyed Seven-Inch Tablet," *Financial Times*, August 4, 2012.
22. "CEO Forum: Microsoft's Ballmer Having a 'Great Time,'" *USA Today*, April 30, 2007, accessed June 27, 2014, http://usatoday30.usatoday.com/money/companies/management/2007-04-29-ballmer-ceo-forum-usat_N.htm.
23. Interview with Steve Ballmer, September 18, 2007, accessed June 27, 2014, https://www.youtube.com/watch?v=eywi0h_Y5_U.

24. Steve Jobs, "Keynote Address," Macworld Boston, August 6, 1997, accessed March 8, 2013, http://www.youtube.com/watch?v=4pAhay9tYaE.
25. See Adam M. Brandenberger and Barry J. Nalebuff, *Co-opetition* (New York: Doubleday, 1996).
26. Stephen Manes and Paul Andrews, *Gates: How Microsoft's Mogul Reinvented an Industry—and Made Himself the Richest Man in America* (New York: Doubleday, 1993), 282.
27. Ibid., 266.
28. Ibid., 323.
29. Apple also agreed to collaborate with Microsoft to make sure the version of Java shipped with the Mac OS was compatible with Microsoft's implementation of Java. For contemporary accounts of the announcement, see John Markoff, "Computing's New Alliance: The Partnership," *New York Times*, August 7, 1997, A1; Eric Evarts, "Bitten by Reality, Apple Saves Its Skin," *Christian Science Monitor*, August 8, 1997, 1; Steven Levy, "A Big Brother?" *Newsweek*, August 18, 1997, 22ff. See also Walter Isaacson, *Steve Jobs* (New York: Simon & Schuster, 2011), 321–26.
30. Steve Jobs, "Keynote Address," Macworld Boston, August 6, 1997, accessed July 9, 2014, http://www.youtube.com/watch?v=4pAhay9tYaE.
31. Interview with Steve Jobs at the All Things Digital Conference, 2007, accessed June 21, 2013, http://www.youtube.com/watch?v=_5Z7eal4uXI&list=PL024C995E1DDCAFB0.
32. Evarts, "Bitten by Reality."
33. Jon Rubinstein, interview with the authors, October 11, 2013.
34. Dan Farber, "Mix '06: Gates Ready to Embrace and Extend," ZDNet, March 20, 2006, accessed June 27, 2014, http://www.zdnet.com/blog/btl/mix-06-gates-ready-to-embrace-and-extend/2740.
35. Steve Jobs email, October 25, 2010, accessed May 8, 2014, http://cdn2.vox-cdn.com/assets/4244355/DX489_Rev_03-07-14.pdf.
36. Ibid.
37. Gareth Powell, "Dazzling Power of New Version of MS-DOS," *Age* (Melbourne), February 16, 1993; see also Peter Jackson, "Computer (Workspace): What a DOS," *Guardian*, February 7, 1991; Peter H. Lewis, "Personal Computers: DOS Goes on a Streamlined Diet," *New York Times*, June 11, 1991; Cairn MacGregor, "Help Is Too Little, Too Late in the Latest Version of MS-DOS Operating Program," *Gazette*

(Montreal), July 17, 1991; Richard Morochove, "Here Comes Microsoft's Software Winner for '93," *Toronto Star*, February 15, 1993.

38. Transcript of Bill Gates's remarks at Microsoft's December 7, 1995, Internet strategy briefing.
39. David Banks, *Breaking Windows: How Bill Gates Fumbled the Future of Microsoft* (New York: Free Press/Simon & Schuster, 2001), 105.
40. "How to Get to 30% Share in 12 Months," Microsoft internal memo, *United States v. Microsoft Corporation* (Civil Action No. 98-1232), Government Exhibit 684, accessed May 21, 2013, http://www.justice.gov/atr/cases/exhibits/684.pdf.
41. Sun Tse [Sun Tzu], *The Art of War*: *Complete Texts and Commentaries*, trans. Thomas Cleary (Boston: Shambhala, 2000), 68.
42. James Wallace and Jim Erickson, *Hard Drive: Bill Gates and the Making of the Microsoft Empire* (New York: John Wiley & Sons, 1992), 251.
43. Manes and Andrews, *Gates*, 221.
44. Louise Kehoe, "Brave Faces After the Software 'Quake," *Financial Times*, October 9, 1984, I8.
45. Kathleen Wiegner, "The Empire Strikes Back," *Upside*, June 1992, 32.
46. Ibid., 38.
47. Slide 108, Andy Grove SLRP 1993.
48. Leander Kahney, *Jony Ive: The Genius Behind Apple's Greatest Products* (New York: Portfolio/Penguin, 2013), 139–41.
49. George Stalk and Rob Lachenauer, *Hardball: Are You Playing to Play or Playing to Win?* (Boston: Harvard Business School Press, 2004), 1.
50. See Owen W. Linzmayer, *Apple Confidential*: *The Definitive History of the World's Most Colorful Company* (San Francisco: No Starch Press, 2004), 170; Manes and Andrews, *Gates*, 278–80; Brenton R. Schlender, "Software Hardball: Microsoft's Gates Uses Products and Pressure to Gain Power in PCs," *Wall Street Journal*, September 25, 1987.
51. John Sculley, *Odyssey*: *Pepsi to Apple . . . A Journey of Adventure, Ideas, and the Future* (New York: Harper & Row, 1987), 344.
52. Linzmayer, *Apple Confidential*, 171–72; Manes and Andrews, *Gates*, 288–93; Jim Carlton, *Apple: The Inside Story of Intrigue, Egomania, and Business Blunders* (New York: Times Books, 1997), 53–56.
53. See Banks, *Breaking Windows*, 157.
54. Ibid, 105. Russ Siegelman, who attended the meeting, confirmed the conversation in an interview with the authors, October 9, 2013.
55. Navisoft, "GatesWorld," AOL internal memo, January 21, 1996,

United States v. Microsoft Corporation (Civil Action No. 98-1232), Government Exhibit 38, accessed January 22, 2013, http://www.usdoj.gov/atr/cases/exhibits/38.pdf.

56. Lashinsky, *Inside Apple*, 149.
57. Jon Rubinstein, interview with the authors, October 11, 2013.
58. Charlie Redmayne email to Jonathan Miller et al., January 22, 2010; Plaintiff's Exhibit PX-0308; *US v. Apple*, (12-cv-02826), accessed June 13, 2013, http://www.justice.gov/atr/cases/apple/exhibits/px-0308.pdf.
59. The exchange between Jobs and Murdoch, which took place between January 22 and January 24, 2010, is available at https://www.documentcloud.org/documents/702951-email-exchange-between-steve-jobs-and-james.html, accessed March 5, 2013.
60. *United States v. Apple, Inc.* (12-cv-02826), Plaintiff's Proposed Finding of Fact, 60, accessed June 13, 2013, http://www.justice.gov/atr/cases/f296700/296796.pdf.
61. Brian Murray, "Apple Cheet [*sic*] Sheet," HarperCollins internal memo, January 27, 2010, *United States v. Apple, Inc.* (12-CV-02826), Plaintiff's Exhibit PX-0637, accessed June 11, 2013, http://www.justice.gov/atr/cases/apple/exhibits/px-0637.pdf.
62. Laurence Zukerman, "Intel and Digital Settle Lawsuit and Make Deal," *New York Times*, October 28, 1997, D1.
63. Federal Trade Commission, In the Matter of Intel Corporation, Docket No. 9288, Decision and Order II.A, August 6, 1999, accessed June 4, 2013, http://www.ftc.gov/os/1999/08/intel.do.htm.
64. David B. Yoffie and Mary Kwak, "Playing by the Rules: How Intel Avoids Antitrust Litigation," *Harvard Business Review* 79, no. 6 (June 2001): 119–22.
65. "Microsoft's 1994 Consent Decree: Boon or Bust?," interview with Brad Smith, Microsoft General Counsel, *CNET News*, July 9, 2004, accessed July 9, 2013, http://news.cnet.com/Microsofts-1994-consent-decree-Boon-or-bust/2100-1016_3-5262600.html.
66. Steve Ballmer, interview with David Yoffie and Michael Cusumano, March 23, 1998.
67. Yoni Heisler, "Emails Revealed That Steve Jobs Angrily Called Sergey Brin over Google's Recruitment of Apple's Safari Team," TUAW.com, accessed May 4, 2014, http://www.tuaw.com/2014/03/24/emails-reveal-that-steve-jobs-angrily-called-sergey-brin-over-go/.
68. Andy Grove, SLRP presentation, 1990, 45.

第五章　在个人抓手的基础上塑造组织

1. See, for a recent example, Deborah Ancona et al., "In Praise of the Incomplete Leader," *Harvard Business Review*, February 2007.
2. Bill Gates, "Bill Gates' Favorite Business Book," *Wall Street Journal Online*, July 11, 2014, accessed July 12, 2014, http://online.wsj.com/articles/bill-gatess-favorite-business-book-1405088228?mod=WSJ_hp_EditorsPicks.
3. "'You've Got to Find What You Love,' Jobs Says," *Stanford News*, accessed June 27, 2014, http://news.stanford.edu/news/2005/june15/jobs-061505.html.
4. Our thanks to Mel Horwitch for pointing out that aspects of our view of leadership in this chapter—the ability to communicate passion as well as to recognize one's own strengths and weaknesses—corresponds closely to the ideas of the late Warren Bennis. See, in particular, Warren Bennis, *On Becoming a Leader*, 4th ed. (New York: Basic Books, 2009).
5. See Michael A. Cusumano, "The Legacy of Bill Gates," *Communications of the ACM* 52, no. 1 (January 2009): 25–26.
6. For a history of the software products business, see Michael A. Cusumano, *The Business of Software* (New York: Free Press, 2004), 86–127.
7. Interview with Bill Gates, August 1993, cited in Michael A. Cusumano and Richard W. Selby, *Microsoft Secrets: How the World's Most Powerful Software Company Creates Technology, Shapes Markets, and Manages People* (New York: Free Press/Simon & Schuster, 1995), 290.
8. Les Vadasz, interview with the authors, October 7, 2013.
9. Andy Grove, interview with authors, October 9, 2013.
10. Richard S. Tedlow, *Andy Grove: The Life and Times of an American* (New York: Portfolio, 2006), 129.
11. Les Vadasz, interview with the authors, October 7, 2013.
12. Andrew S. Grove, *High Output Management* (New York: Random House, 1983), 172.
13. Ibid., 111.
14. See Michael A. Cusumano, "The Legacy of Steve Jobs," *Communications of the ACM* 54, no. 12 (December 2011): 26–28.
15. Walter Isaacson, *Steve Jobs* (New York: Simon & Schuster, 2011), 5–12.
16. Ron Johnson, interview with the authors, October 9, 2013.
17. Andy Grove, presentation in the 1996 Intel SLRP document.
18. Andy Grove, interview with authors, October 9, 2013.
19. Ibid.

20. Gates interview, August 1993, quoted in Cusumano and Selby, *Microsoft Secrets*, 33.
21. Ibid, 25.
22. Ibid., 27.
23. Ibid., 28.
24. Ibid., 33.
25. Ibid., 28–29.
26. See Michael A. Cusumano, "What Road Ahead for Microsoft and Windows," *Communications of the ACM* 49, no. 7 (July 2006): 23–26.
27. Shira Ovide, Joann Lublin, and Monica Langley, "Microsoft Prescription: More Bill Gates," *Wall Street Journal*, February 5, 2014.
28. Isaacson, *Steve Jobs,* 126.
29. Leander Kahney, *Inside Steve's Brain* (New York: Portfolio, 2008), 51–54; the quotation from Ratzlaff appears on 51.
30. Isaacson, *Steve Jobs*, 345–46; and Adam Lashinsky, *Inside Apple: How America's Most Admired—and Secretive—Company Really Works* (New York: Business Plus, 2012), 54–55. See also a more detailed discussion of Apple's product development process and the interactions between Ive and Jobs in Leander Kahney, *Jony Ive: The Genius Behind Apple's Greatest Products* (New York: Penguin, 2013).
31. Michael Hailey, quoted in Lashinsky, *Inside Apple*, 22.
32. Christopher Stringer testimony in *Apple Inc. v. Samsung Electronic Co.,* transcripts of the proceedings, July 31, 2012, 530, accessed May 20, 2013, http://www.groklaw.net/pdf4/ApplevSamsung-1547.pdf.
33. See Isaacson, *Steve Jobs*, 391–92; 499–500.
34. Pat Gelsinger, interview with the authors, October 7, 2013.
35. Andrew S. Grove, *Only the Paranoid Survive: How to Exploit the Crisis Points That Challenge Every Company and Career* (New York: Currency Doubleday, 1996), 161–62; Robert A. Burgelman, Dennis L. Carter, and Raymond S. Bamford, "Intel Corporation: The Evolution of an Adaptive Organization," Stanford Graduate School of Business Case SM-65 (Stanford: Trustees of Leland Stanford University, 1999), 12–13.
36. Grove, *Only the Paranoid Survive,* 161–62.
37. Ibid., 96–97.
38. Ibid., 161–62.
39. See Burgelman, Carter, and Bamford, "Intel Corporation: The Evolution of an Adaptive Organization," 12–13.
40. Andy Grove, interview with the authors, September 23, 2013.
41. Grove, *Only the Paranoid Survive*, 114.
42. Isaacson, *Steve Jobs*, 75–78.

43. Andy Grove, interview with the authors, October 9, 2013.
44. "In Secret Hideaway, Bill Gates Ponders Microsoft's Future," *Wall Street Journal*, March 28, 2005, accessed October 3, 2013, http://online.wsj.com/article/0,,SB111196625830690477,00.html.
45. See Cusumano and Selby, *Microsoft Secrets*, 362–65.
46. Russ Siegelman, interview with the authors, October 9, 2013.
47. Jon Rubinstein, interview with the authors, October 11, 2013.
48. Ibid.
49. Steve Jobs, quote from the 1997 Apple Worldwide Developer Conference, video, accessed February 26, 2014, http://www.youtube.com/watch?v=GnO7D5UaDig. Our thanks to Karim Lakhani of Harvard Business School for pointing us to this video.
50. Email comments on the manuscript from Donna Dubinsky to authors, May 7, 2014.
51. Jobs's discussion of how he changed the organizational structure can be found in his comments at the 1997 Apple Worldwide Developer Conference, accessed February 26, 2014, http://www.youtube.com/watch?v=GnO7D5UaDig.
52. Ron Johnson, interview with the authors, October 9, 2013.
53. Grove, *Only the Paranoid Survive*, 120.
54. See Michael A. Cusumano, "The Legacy of Steve Ballmer," *Communications of the ACM* 57, no. 1 (January 2014): 30–32.
55. Paul Maritz, interview with the authors, October 7, 2013.
56. Andy Grove, interview with the authors, September 6, 2013.
57. Ibid.
58. Jobs, quoted in Isaacson, *Steve Jobs*, 218.
59. Fred Anderson, interview with the authors, October 8, 2013.
60. Donna Dubinsky, written comments on the manuscript, May 7, 2014.
61. Isaacson, *Steve Jobs*, 360.
62. Avie Tevanian, interview with authors, October 8, 2013.
63. Ron Johnson, interview with the authors, October 10, 2013.
64. See Kahney, *Jony Ive*, 199 and elsewhere for more on the relationship between Ive and Rubinstein.
65. Isaacson, *Steve Jobs*, 342.
66. Ibid., 342.
67. Ron Johnson, interview with authors, October 10, 2013.
68. Apple Computer, Inc., 1999 Form DEF 14A (filed February 9, 1999), from Securities and Exchange Commission website, accessed January 20, 2014, http://www.sec.gov/Archives/edgar/data/320193/0001047469-99-003858.txt.

69. Ron Johnson, interview with the authors, November 18, 2013.
70. http://blog.brightmesh.com/2011/10/24/jobs-a-players-work-with-a-players/.
71. Grove, interview with the authors, October 9, 2013.
72. Grove, *Only the Paranoid Survive*, 120.
73. Tedlow, *Andy Grove*, 226.
74. Grove, *Only the Paranoid Survive*, 110.
75. Bill Gates, *Business @ the Speed of Thought: Using a Digital Nervous System* (New York: Warner Books, 1999), 182
76. Cusumano and Selby, *Microsoft Secrets*, 59–61, 144–45.
77. Paul Maritz, interview with the authors, October 7, 2013.
78. Russ Siegelman, interview with the authors, October 9, 2013; also see Kathy Rebello, "Inside Microsoft: The Untold Story of How the Internet Forced Bill Gates to Reverse Course," *BusinessWeek*, July 15, 1996, 56–70.
79. While researching *Microsoft Secrets*, Cusumano and Selby interviewed dozens of Microsoft executives and engineers and heard almost noth ing about their interest in the Internet until later in 1995, though they often talked about the emerging "Information Highway." See Cusumano and Selby, *Microsoft Secrets*, 180–85.
80. Russ Siegelman, interview with the authors, October 9, 2013.
81. Gates, *Business @ the Speed of Thought*, 166.
82. Grove, *High Output Management*, 120.

结 论 下一代明星领导者的养成

1. "An Owner's Manual for Google Shareholders," accessed October 31, 2013, http://investor.google.com/corporate/2004/ipo-founders-letter.html.
2. Steven Levy, *In the Plex: How Google Thinks, Works, and Shapes Our Lives* (New York: Simon & Schuster, 2011), 215–17.
3. Jim Edwards, "Proof That Android Is Really for the Poor," *Business Insider*, June 27, 2014, accessed June 28, 2014, http://www.businessinsider.com/android-v-apple-ios-market-share-revenue-income-2014-6.
4. Jeff Goodell, "Bill Gates: The Rolling Stone Interview," *Rolling Stone*, March 13, 2014, 50.
5. David Kirkpatrick, *The Facebook Effect: The Inside Story of the Company That Is Connecting the World* (New York: Simon & Schuster, 2010), 217.
6. See "Number of Monthly Active Facebook Users Worldwide from 3rd Quarter 2008 to 2nd Quarter 2014 (in Millions)," Statista,

accessed May 22, 2014, http://www.statista.com/statistics/264810/number-of-monthly-active-facebook-users-worldwide/ and "Facebook Statistics," Statistic Brain, accessed May 22, 2014, http://www.statisticbrain.com/facebook-statistics/.

7. See Brad Stone, *The Everything Store: Jeff Bezos and the Age of Amazon* (New York: Little, Brown, 2013), 269–273, 295–99.
8. "The Institutional Yes: An Interview with Jeff Bezos." *Harvard Business Review,* October 2007.
9. David Streitfeld and Christine Haughney, "Expecting the Unexpected from Jeff Bezos," *New York Times*, October 21, 2013.
10. Gary Rivlin, "A Retail Revolution Turns 10," *New York Times*, July 10, 2005.
11. Matt Rosoff, "Jeff Bezos 'Makes Ordinary Control Freaks Look Like Stoned Hippies,' Says Former Engineer," *Business Insider*, October 12, 2011, accessed October 30, 2013, http://www.businessinsider.com/jeff-bezos-makes-ordinary-control-freaks-look-like-stoned-hippies-says-former-engineer-2011-10#ixzz2kM7zwabS.
12. See A. Farhoomand, "Tencent's Business Model," Asia Case Research Center, University of Hong Kong, Case #1003 (HBS Publishing), 2013; Iian Alon and Wenxian Zhang, *Biographical Dictionary of New Chinese Entrepreneurs and Business Leaders* (Cheltenham, England, and Northampton, MA: Edward Elgar, 2009), 111; company annual reports and website, http://www.tencent.com/en-us/index.shtml.
13. Paul Mozur, "Tencent's Market Cap Rises Above $150 Billion," *Wall Street Journal Blogs*, March 11, 2014, accessed July 5, 2014, http://blogs.wsj.com/digits/2014/03/11/tencents-market-cap-rises-above-150-billion/.
14. Dorothy Leonard-Barton, "Core Capabilities and Core Rigidities: A Paradox in Managing New Product Development," *Strategic Management Journal* 13 (1992): 111–25.
15. Paul Maritz, interview with the authors, October 7, 2013.
16. Ibid.
17. Les Vadasz, interview with the authors, October 7, 2013.
18. Carl Everett, interview with the authors, October 10, 2013.
19. John Reed, interview with the authors, May 14, 2014.